教師が拓かれるとき

――ある公立小学校の記録――

加藤利明 著

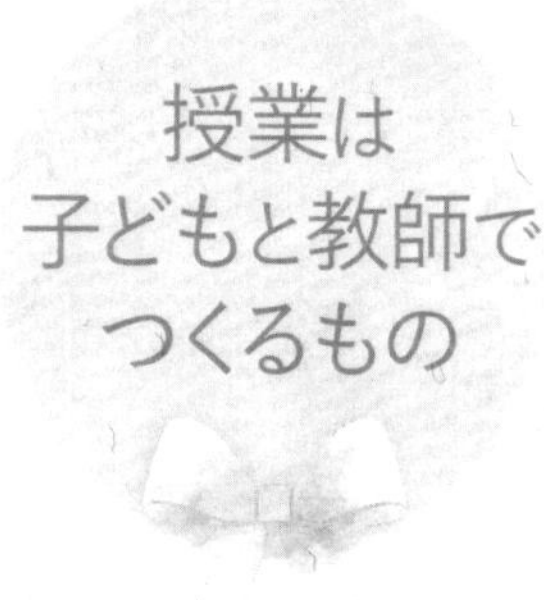

一莖書房

まえがき

この記録は、ある公立小学校での事実です。

授業を中心とした校内研修の記録です。

その学校で起きた事実を、先生方の証言、子どもたちの映像、そして授業記録で綴りました。

授業を見て、可能性が引き出されていく子どもの姿に驚き、先生方は自分のあり方を、生き方を考える、そんな授業研究でした。

子どもの可能性を拓くことを通して、先生方の教師としての可能性をも拓く教育実践でした。

横須賀薫氏は言っています。

「学校が創造的な教育実践を展開するなかで、具体的な教師としての訓練、教養の形成がおこなわれる場になっていなければならない。」

その事実が、その小さな事実が出たのではないでしょうか。

そしてこれは、今の学校でも実現可能だと、私は信じています。

目次

Ⅰ章　教師が拓かれるとき

——ある公立小学校での記録

1．ある時　～職員室の風景～

職員室が、花が咲いたようににぎやかになりました。指揮練習から帰ってきた先生方は、みな興奮しています。「あの堅物の加藤さんの指揮がとてもやわらかくて歌いやすかったのに驚いたけど、箱石泰和先生に指揮してもらうと、とても気持ちよく歌えた。」と私に伝えにきた先生もいます。

そしてつぎつぎと話しかけてきます。私の机にまでわざわざ寄ってきて話しかける人もいます。あちこちで指揮練習が楽しかったことを話しています。指揮練習に参加していなかった教頭先生が、次の日の職員朝会で「昨日のあの興奮を忘れないように。」と言ったほど職員室が華やいだのでした。

この日は、私の担任する二年生のクラスの授業を学校の職員に三時間公開した日だったのです。三時間目国語「かさこ地ぞう」、四時間目体育「後ろまわり」、五時間目音楽「とおりゃんせ」、の授業を公開しました。五時間目の音楽（歌）は、箱石泰和氏が子どもたちに直接指導をするという時間になりました。そして、五時間目の後に急遽、参観していた先生たちと「もみじ（歌）」の指揮練習をしたのです。

五時間目の音楽の授業での箱石泰和氏の指揮について、「どうしてああいう指揮をするのか」という質問が職員から出ました。そこで氏から「口で説明するよりみなさんで実際にやってみませんか」という提案があり、指揮練習が始まったのでした。

その指揮練習は、先生方全員で歌を歌い、その中の一人が前に出てきて指揮をする、というものです。指揮者はつぎつぎと交代し、新任の先生からベテランの先生まで全員が指揮をしたのでした。笑い、拍手が飛び交う楽しい時間となったのです。前記の職員室の風景は、その後のことだったのです。

その指揮練習の一部を紹介しましょう。


〜〜＊〜〜＊〜〜＊〜〜＊〜〜


（S先生が指揮をするために前へ出てくる。）

【S】　てきとうにやります。

【箱石】うん、こんなの遊び半分にやってくださいよ。

【S】　リズムを変えてやっていいですか。

【箱石】自由にやってください。先生が喜んじゃえば子どもも喜ぶんです。

（S先生の指揮で歌う。早さをいろいろに変える指揮をする。）

【箱石】実にきれいですね。ものすごくいいから、息つぎをちゃんと指示してやって。息吸わせないと殺人罪になるから（笑い）。息だけはちゃんと吸わせてやってください。指揮で一番大事なことは息を吸わせるということですから。

（S先生の指揮で歌う。最後のところを踊るように指揮をする。拍手が起こる。）

【箱石】先生は踊ってやったほうがいいですね。僕らも踊るんですよ。子どもの前だと踊っちゃうんです。自分が楽しんじゃうと一番いいです。そうすると子どもがつられてね、教師をのりこえて楽しみますよ。歌を歌うって楽しいことだから。心も身体も解放してやる。教育というとどうしても何か教えようというふうになりますからね。先生がかまえちゃうでしょう。特に、音楽は楽しいんだけど、学校でやると緊張しちゃう。だから、気持ちをうんと楽にさせて楽しくさせることによって身体がほぐれていきますから。身体がほぐれないとどうしてもリズムが出てこない。声も出てきません。

踊ってやってみましょうか？

（箱石先生の踊るような指揮に合わせて歌う）

【箱石】こうやれば、踊ってでもなんでもできるんです。自由自在にできる。

指揮というのは、動かないで腕で凝縮してやる。しかし、その基礎になる今のような動きが、特に下半身の動きがその中に入っていないと駄目ですね。それができなければいくらやっても駄目なんです。そういうことができると、子どもからひき出せるんです。なかなか難しいことなんですが。

〜〜＊〜〜＊〜〜＊〜〜＊〜〜

指揮に対して、先生方のイメージが変わりました。指揮とは、しかつめらしいものではなく、教師がその曲をリズムを楽しむことが第一歩だと、そしてその楽しい世界に子どもをひきこむことだということを感じたのでした。これらの指揮練習で、先生方の心と身体がほぐれたのでした。そして、「さっそく明日から、手拍子の指揮をやろう。」と先生方は動き出したのです。

指揮の技術としては、子どもたちに息を吸う指示を出すことの重要性を指摘されたのでした。

この日は、私のクラスの体育の授業（二年「後ろまわり」も公開しました。初めて参観した先生の感想も紹介しましょう。中堅のT先生の文章です。

〜〜＊〜〜＊〜〜＊〜〜＊〜〜

T先生

久しぶりにすばらしいものに出会った気がする。

体育の授業の中で後転を見学したが、新しい発見に息をのんだ。第一に、風が吹いてきて静かに回りはじめたボールのように、人の体が完全に球の形に見えたことである。あそこまで極限に近く丸くなっているのに、子どもたちはあまり無理をしていない感じだった。

第二に、尻をついた姿勢から回転を始めたことである。「1、2のサーン」と勢いを借りて後転をさせていた自分の授業を振り返り、なぜ力を加えずに回り始めたのか、大きな関心があった。注意深く観察すると、つま先の美しさに目をうばわれたが、そこに始動のきっかけがあったようだ。つま先を立てて、かかとをあげることによって力が加わり回転する。この自然な理屈になぜ今まで気がつかなかったのかと思う。

（略）

私たちは、動きそのもののもった美しさ、自然体のままで回ることのすばらしさを追求することをおろそかにしているのではないだろうか。すばらしいもの、それは誰が見てもすばらしい、素直な感動を与えるものである。授業の中で、こういう場面をつくり、すばらしいもののよさを子どもに与えていきたいと、強く願わずにはいられなかった。

〜〜＊〜〜＊〜〜＊〜〜＊〜〜

S先生、T先生ともに教師経験を積んできた中堅の教師です。教師は経験を積めば積むほど見方が固くなる傾向があるのですが、二人ともなんと柔軟で豊かな先生たちなのでしょうか。

S先生は指揮練習で指揮をしました。曲を身体全体で感じとって踊るような指揮をしたのでした。先生自身が曲を楽しんだのでした。

T先生は子どもの技の美しさに感動し、分析をしています。T先生の「私たちは、動きそのもののもった美しさ、自然体のままで回ることのすばらしさを追求することをおろそかにしているのではないだろうか。」という分析は大変重要な指摘ではないでしょうか。体育は、合理的な身体の使い方の追求とその美の追求だという問題提起でもあるのです。

この二人の先生だけが特別なわけではありません。きっと、こういう感性豊かな先生方はどの学校にもいるはずです。今日私のクラスの授業を見て感動し、指揮練習を楽しみ、それらの体験が自分の中に眠っていた良さを引き出すきっかけになったのです。教師としての可能性が拓かれ始めたのでした。

この日の体育「後ろまわり」の授業のようすを少しだけ載せておきましょう。後ろまわりの授業のようすを映したビデオです。二次元バーコードで見ることができます。

ビデオを撮影する位置が悪いので、子どもたちのつま先が見えません。しかし、たまごがごろんと転がるような、自分の体重を利用した自然な後ろまわりだということが分かると思います。始動、回転、手のつき、立つ、という流れの中にリズムがあります。勢いをつけたりけったりする「後ろまわり」では、このリズムは生まれないのです。

2. 一人で研究会を始める そしてそれが全校の校内研修になる

私が一人で授業研究を始めたのが勤務校二校目、若干三十歳の時でした。大学の恩師・箱石泰和氏（都留文科大学教授、教授学研究の会世話人）に私のクラスに入ってもらい、直接指導を受け始めたのです。それを校内では、自主研修（略して自主研）とよんでいました。

最初の年は一回だけ先生に入ってもらいましたが、一緒に授業を見てもらいたいという先生がだんだん増えてきたので、校内研修として位置づけられました。最後のころには一年間に六回ほど来ていただくようにもなりました。また、二時間目から五時過ぎまで、子どもも教師もみっちりと指導していただくことが増えてきました。

そういう研修会が、私がこの学校を移動するまでの五年間ほど続き、箱石氏にはトータルで二十五日以上も学校に入っていただきました。また、学校研究として、市教育研究会の国語の研究授業も、箱石氏を講師として開かれもしました。

(1) 授業研究、5つの方法

授業研究の方法として、次の5つを行いました。

① 授業を見て指摘をしてもらう。これは一般的な、どの学校でも行われている研究方法です。

初めのころは私の授業を一時間見てもらっていましたが、授業を見てもらいたい教師が増えてくると、一クラス一五分ほどで全クラスを見てもらうことになりました。そして研究協議のときにそれぞれのクラスの問題点や良さを指摘してもらいました。

② 授業中に箱石先生に指摘をしてもらう。

いわゆる介入授業的なものです。授業の事中研究とでもいうのでしょうか、実際の授業の最中にその授業の展開の問題点を指摘してもらうという方法です。

例えば国語では、「その問題は意味がないから次の問題に移ったほうがいいでしょう」「今の（子どもの）発言は重要ですので板書して整理するといいですよ」などというような指摘をもらって授業を担任が修正していきました。

音楽では「たっぷり息を吸わせてください」「歩かせて」などと指示をもらって、担任が指導をしました。

授業中に担任以外の人が横から口を出すという授業研究方法は、普通の学校ではなかなか受け入れられないものです。しかし、この学校の先生方は、躊躇わずに受け入れる先生方なのです。子どもを何としてでも良くしたいという願い、教師としての技術を身につけたいという思い、そういう強い気持ちを持った先生方なのです。先生方も、心を開いて学ぼうとしていました。

③　箱石先生が直接子どもたちを指導する。

国語では、箱石先生が私のクラスやほかのクラスで一時間授業をしてくださったこともありました。その私のクラスでの授業の記録は、Ⅱ章に載せてあります。

音楽、体育では、箱石先生が授業の途中から直接指導されることが多くなりました。そこで展開される子どもの表情、声や技に、今までと違う姿に、先生方が驚き目を見張るのでした。

④　先生方に対しての実技指導……指揮練習と体育の実技指導

「もみじ」「荒城の月」などの指揮練習をやりました。歌を先生方全員で歌い、つぎつぎと交代で前に出てきて指揮をしました。その指揮に対して箱石先生の指導が入るわけです。真面目くさった指揮練習ではなく、わいわいがやがやと楽しい時間となりました。

例えば、I章1の「もみじ」の指揮練習がその一例です。そこで学んだ内容は、基本のリズムをつくるための指揮法、前進するリズムをつくるための指揮法、声を遠くに届けるための指揮法、曲の内容を表現するための指揮法等々、多岐にわたりました。

表現「利根川」（詞：斎藤喜博／曲：近藤幹雄）の練習もしました。「利根川」は、朗読、合唱、独唱、身体表現を含む総合芸術作品ですので、教師の表現力の訓練にもなります。朗読や独唱を希望者で分担して、集まって何日も練習をしました。そして箱石先生が来校したときにそれを先生に発表して、手入れを受けたのです。その具体的なようすはI章3で紹介します。

体育では、マットの実技指導を受けました。基本となる前まわり系の技を先生方でやってみながら、そのポイントとなることを教わるのです。みなさん学生に戻った気分で楽しんでいました。それについてはI章2の(3)で指導内容を詳しく紹介します。

⑤教材研究演習
研究授業で取り組む教材について、その学年で検討したものを全職員の前で報告し、それに対しての箱石先生からのコメントをもらうものです。その上で、授業も見てもらって、その後検討会を開くというものでした。事前研究、授業での研究（事中研究）、事後研究をやったわけです。

(2) 箱石泰和先生の授業

ここでは「授業研究の方法」の中の「③箱石先生が直接子どもたちを指導する」での具体例を紹介しましょう。歌での箱石先生の指導です。歌の指導のようすの一部（a）と、それに対しての私の分析（b）、研究協議での私への指摘（c）の三点を載せておきます。

（a）歌の指導風景

私のクラス（一年生）での「大きな石」（詞：斎藤喜博／曲：丸山亜季）の指導の一部です。

〜〜＊〜〜＊〜〜＊〜〜＊〜〜

【箱石】 難しかったね。間違えたね、みなさん。はやかったね、はやかったぞ。こういうところができなくちゃだめなんだ。「ぼくらも」からいくよ。

C （歌う）

【箱石】 違うでしょう、違うんだ。そこがちゃんと歌えなきゃだめなんだ。聞いてください、オルガン聞いてください。「ぼくらも」からやるよ。まだ歌わないでね。

（先生は担任の弾くオルガンに合わせて手で指揮をしながら小さい声で歌う）

C 分かった。

【箱石】 本当？　できるかな。（半分の子に）見ててね、できるかどうか見ててください（クラスの半分の子たちを座らせる）。「ぼくらも」からいくよ。はい。

（子どもたち歌う）

【箱石】　あらあ、一回失敗。三回失敗したらもうおしまいだぞぉ。交代だからね。いい？　聞いてください、オルガン聞いてください。歌わないで。

（先生はオルガンに合わせて手拍子を打つ。「たーった」と入るタイミングを歌いながら説明もする。）

【箱石】　分かったかい？　もう、歌っていいか？　もう一回聞くか？　どうする？

C　もう一回聞く。

【箱石】　じゃあ、よく聞きなさい。もう一回だけ加藤先生に弾いてもらうからね。ちゃんと覚えちゃってください。

（子どもたちはオルガンに合わせて小さな声で歌っている。）

C　分かった。

【箱石】　分かった人。

（全員手をあげる）

【箱石】　ようし、じゃあやってみよう。よし、いくぞ、いいかい？

（この子たちは三回とも間違えてしまう）

【箱石】あら、いま（三回目）、どうだった？　間違った人いたか？　いなかったか？
C　いた。（一人間違えてしまった）
【箱石】いたか、惜しかったねぇ。じゃあ、一回休み。

こっちの人やるよ。さあ、こっちはどうかな。はい、いくよ。

（子どもたち歌う）

【箱石】あら、できちゃった。できた、いやあすごいねえ。歌もうまかった。それはねえ、なぜか分かるかい。さっき歌ってるのを、この人たちちゃんと聞いてたから。上手に聞いて覚えていた。

前の人（できなかったほう）立ってごらん。さあ、できるかな。ちゃんと気持ちを楽にしたか。はい、出発だぞ、はい。

（子どもたち歌う。二番まで歌う）

【箱石】できたね。よし、拍手。

〜〜＊〜〜＊〜〜＊〜〜＊〜〜

（b）子どもが課題をのりこえるとき

箱石先生の指導を見ていた私の感想です。この指導について私なりに意味づけ、分析をしました。その文章を次に載せます。

〜〜＊〜〜＊〜〜＊〜〜＊〜〜

先生は「たーた」に入るタイミングが違っていることを取りあげた。私がもしそのところを指導するとなると、きっとタイミングの問題としてとらえ、「たーた」に入る前の音を三拍のばすという指示を出したのではないかと思う。先生の場合は拍の問題として教えるのではなく、曲のリズムを子どもの身体に入れる指導だった。このことは、指導の方向性と授業の質として大きな違いなのである。

この課題に子どもたちはくいついてきた。まさに三歩前(注)の課題だったのだ。子どもの歌を聴いて先生はこの課題を提示して、ゲームのようにして楽しく乗り越えさせてしまった。

三回失敗したらということで子どもたちは一回失敗するごとに集中してきた。最高に集中したのは三回目を失敗したときである。この課題を乗り越えようと神経を張り、曲をよく聴き、先生の指示を聞いた。そのことにより、子どもたちの中に曲が入り、リズムがつくられた。曲と対面していたのだ。

子どもたちが一回失敗するごとに先生は実に丁寧な指導をされた。「オルガンを聴いてください。」と先生はオルガンに合わせて手拍子を打つ。「たーた」の前から「たんたんたんたん　たーた」と声でリズムをとり説明する。オルガンに合わせて小さい声で歌わせる。指揮で大きく指示を出す。子どもの状態に合わせての、実に丁寧な指導であった。

しかし三回目、一人の女の子が間違えてしまう。このとき、子どもたちの集中と緊張は最高潮に達したのだった。

間違えた女の子は、私がちょっと強く言っただけで目に涙がたまってくる感受性の豊かな子だった。私はオルガンを弾きながら「まずいことになった」と思ってその子を見ていた。まわりの何人かは「お前が間違えたんだ」とその子を指さしていた。なのに、大変不思議なことなのだが、その子はニコニコとしているのである。きっと課題に立ち向かっているときは、できるできないという世界とは別次元の世界にいるのだろう。

課題を乗り越えて全員で歌ったとき、子どもたちの表情が全く変わってしまった。実に楽しそうに歌うのである。先生が近くの子と手をつないで歩きだすと、まわりの子たちは先生と手をつなぎたくて集まって行くのだが、歌は全く乱れない。先生から離れている子は近くの子と手をつなぎ、それぞれがこの曲を楽しんでいるのである。転入してきたばかりで暗い表情だったS君も、ほとんど無表情だったN君も、やんちゃなK君も、いじけやすいWさんも、実に楽しそうに歌っている。まるで遠足に行くときのように、この曲が楽しくて仕方がないという表情で。私はこんなに楽しそうにしている子どもたちを見たことがなかった。

なぜこんなに子どもたちは変わったのだろうか。それは、課題を突破したということが大きい。私の場合は、課題を子どもたちに示すことはできるが、それを突破させることができないでいた。そういうことを続けていると子どもたちは、教師の話を聞かなくなり、集中しなくなってくるのだ。課題を突破させることにより、先生の話を聞いていれば、指揮を見ていれば、友だちを見ていれば、必ずできるようになると実感させ、教師と子ども、子どもと子どもの信頼関係がうまれてくるのだ。

また、課題を突破したいと子どもたちが思ったとき、教師と子どもと教材の間に緊張関係がうまれ、その教材が子どもの中に入るのではないか。課題を突破することによって、子ども自らがこの曲のリズムとイメージをつかんだのだろう。先生と友だちと手をつなぎ歩きながら歌うことにより、ますますこの曲のイメージがふくらんでいったのであろう。

㊟　三歩前の課題……子どもに出す課題は三歩前が原則です。一歩前の課題では簡単すぎて子どもはすぐにできてしまいそれで終わってしまいます。五歩前の課題では遠いので子どもはやる気が出ません。つまり三歩前の課題というのは、その子がやる気を出してやれば何とかできそうだという課題なのです。ですか

ら三歩前の課題は、子ども一人ひとりにとってみな違う可能性があります。また、学級課題についても三歩前の課題という考え方は成り立ちます。この授業の場合、三歩前の学級課題だったのです。

〜〜＊〜〜＊〜〜＊〜〜＊〜〜

（c）私への指摘

〜子どもが自ら動きだすための方法を学べ！〜

以下の文章は、私の授業（国語や体育や歌の指導）に対して、箱石先生に指摘された私の課題です。

〜〜＊〜〜＊〜〜＊〜〜＊〜〜

「先生がうるさいんだ。先生は椅子に座っちゃって。先生が必死になっちゃうからダメなんだ。先生は座ってちょっとやるだけでいいんだ。これだけ声が出てるんだから。それだから子どもが集中しなくなってしまうんだ。」

「指揮がまだうるさいんだよ。うるさいね。思いだけが先走ってて。もっと静かに、ゆったりと。指揮も小さくする。そうしないとこっちへ集中しませんよ。先生がいつもこうやっているから、だから子どもが集中しなくなってしまうんだよね。聞かなくても、ぼんやりしていても先生の方がどんどんカバーしてくれるから。

　そうじゃなくて、これだけ声が出るようになったら、だんだんこっちは引いていかなくちゃいけないいんだよ。そうすると子どもたちがもっともっと神経を張らなくちゃいけない、というふうにしなければいけないいんだ。」

「子どもたちは、自分たちでできるぎりぎりの力を出している。あとは、教師が変わらないかぎり駄目だろう。」

〜〜＊〜〜＊〜〜＊〜〜＊〜〜

これらの指摘は、「子どもが自ら学び、子ども自らが力を出す授業にするためには、どうしたらよいか」という指摘です。子どもの状況に合わせて、教師の指導方法を変えていく必要があるということです。

初めは子どもの手とり足とりと丁寧に指導していく。そして子どもたちができるようになってきたら、教師は少しずつ離れていく。そのことによって、子ども自らが自分の力でできるようになっていくのです。子どもの力を引き出すひとつの方法なのです。

また、「ここからが教師としての専門家の仕事だ」と指摘されたわけです。子ども自らが力を出し、自らの力で伸びていけるようにさせる、そのために教師は何をするか、私の課題となりました。

また、これらの私に対する指摘を他の先生方もいっしょに聞いています。他人事としてではなく自分の問題として考えているのです。こういうところでも、校内研修が成り立っているのです。これこそが校内研修ではないでしょうか。

（3）先生方への体育の実技練習

先生方に対して、マット運動の実技指導をしてもらいました。先生方が生徒になり、技をやります。それに対して箱石先生が指摘・指導をするという時間です。前まわりの指導の場面を紹介しましょう。

技のポイントと意味が語られています。その技をとおして子どもにどんな力を育てるのか、ということです。

この日は、二年生三クラスの「ゆりかご」「前まわり」の授業、六年生の「側転」の授業を職員で参観して、放課後に実技指導をしてもらいました。

今回、その当時の記録を読みなおしてみると、「何のためにそれをやるのか」「どんな力を子どもたちにつけるのか」ということ、そして「子どもが自分の判断で自分のやり方をつくっていく」という授業論の根本の話があちこちに入っています。教育学者の視点ですね。
（○がいている文章が箱石先生が話された言葉です。〘　〙の中の文章は、私のコメントです。）

【前まわりの指導のポイント】

〘「前まわり」という技のとらえ方を少し説明しておきましょう。「前まわり」は、安全にコロコロまわるという簡単な技としてではなく、マット系の基本の技としてとらえます。「倒立前まわり」や「台上前まわり」の基礎となる身体の使い方を「前まわり」で入れておこうと考えています。この技をおろそかにすると子どもに力がつかず、全員ができるようになる体育にはならないからです。全員に基礎を入れるための技です。そしてそれは、とび箱での腕の使い方にもつながるのです。

指導のポイントは、マットをしっかりとつかむ、腕で体重を支える、腕のしなやかな使い方、胸の張り方、足のひきつけ方等々です。そして今回強調された、脱力や呼吸、リズムや流れ、自分の技への集中のしかた、イメージをもつということ、も重要な基礎と考えています。教育としての重要な内容です。』

（今日の体育の授業の問題点については、下記の点を箱石先生から指摘されました。）

○手のつき方（マットのつかみ方）が入っていない。

○手をつく位置がまちまち。

○手の幅がせますぎる。

○肘が折れている。だから、頭のてっぺんをマットについてまわっている。

○けってまわっている子が多い。

さあ、前まわりの実技指導です。

〜〜＊〜〜＊〜〜＊〜〜＊〜〜

①「前まわり」という技の特徴

○前まわりで一番大事なことは、くるくると跳ねてまわるというのではなく、腕の使い方を教えることです。体を丸めてだんだん体重を前に移動しながらそれを支えていくという腕の使い方です。体を丸めて腕で支えながら柔らかくまわるということです。そうすると、硬い床の上でもまわれます。

○前まわり系の技を大きく分けると、「まわる」というのと「転（はねる）」というのがあります。地上転回のようにそってまわるのは「転」のほうです。前まわりはもっとも基礎となる種目ですから丁寧に指導しなければいけないのです。

②技を発展させる

（N先生が前まわりをして、その技に対してのコメント）

○柔らかい前まわりですね。普通はこういうふうにまわります。こういうのもあります。くるくるとまわるのもある。でもそれはすぐにできちゃうから、もっと発展させて、質を高めていきます。

（N先生が技をやっているときに左記の指示を出しています）

○手をついて、膝をのばす。マットをつかむ。つかまないと腕が使えないんです。

③子どもそれぞれに合った方法で

○子どもが自分の判断で、自分のやり方をつくっていく。そうやらないと型はめになってしまう。だから、手の位置だって、子どもによって違いがあってもいいんです。

〖子どもが自分の判断で自分のやり方をつくっていくということ、とても大切なことです。子どもの自主性や判断力を育て、子どもの創意性、創造性を育てる視点です。〗

○ひざも同じです。ひざをのばすということだけに意識がいってしまうとまずい。ひざをのばしたまま手をつく方法と、しゃがんで手をついてからひざをのばす方法とある。後者の方が自然なんです。それができたら「こっち（前者）がもっと難しいよ」とやらせればいいいんです。そこを形式的に考えないほうがいい。

○（N先生の前まわりを指導しながら）かかとを上げていくんです。かかとを上げながら腰を前に出していくんです。重心を前にもっていくんです。それで、ぎりぎりのところにきたなと思ったら、頭を入れてまわるのです。これが前まわりの基本です。

〖体重移動だけでまわる「前まわり」です。はねたりけったりしないでまわる「前まわり」です。これらをとおして、腕の使い方、胸の張り方、頭を入れるタイミングなどを子どもが身につけていきます。〗

④脱力させる

○「きをつけ」とか「前を見て」とかあまりやらないほうがいい。そうすると子どもが固くなってしまいます。一番大事なことは、マットの前に立って脱力ということなんです。子どもが自分の身体の余分な力を抜いて「さあ、これから自分の技をやるぞ」と気持ちをつくるんです。

⑤リズムや流れを大切にする

○体育で一番大事なのは、形ではなくて、リズムと流れです。「ゆりかご」なら、後ろにいってかえってくるというリズムがある。後ろにいくことによってエネルギーがたまって、それが戻りのエネルギーになっていくという流れです。要するに、戻りのエネルギーができればいいわけです。そうすると、運動の流れとして自然に戻ってくる。それを意識的にやる。

○側転の場合も、右に引いてためたエネルギーを左にもっていく流れ。他のところは多少できてなくてもいいから、まず流れの中で、流れの感覚を身につけることが、ものすごく大事なんです。

⑥流れをつくることが原則

○跳び箱なら、スタートから助走、踏み切り、とびこし、その一連の流れ。それを途中で切ってしまわないで、たとえ失敗したとしても止まらないで、流れの感覚を身につけさせる。たえず、全体の流れというのを大事にしながら、だんだん部分を直していくというふうにしないと駄目なんです。例えば、手はこう、足はこうと形のほうにだけ教師の意識がいってしまうと、流れが崩れてしまうんです。そうすると、子どもの意識も変なところにいったり力が入ったりして、まわれなくなってしまうんです。形が多少崩れてもいいから、まず大きな流れをつくる。そしてその流れは、形が悪ければ流れができないんだから、その流れをもっと自然にもっと合理的につくるために形を直していくというのが、大きな原則です。この学校の場合、全体の流れというよりも、ある部分の形の方に教師の意識がいってしまっている。

○（N先生に対して）自分でやって流れをつくってみてください。（N先生前まわりをする）そうそう、うんときれいです。これでいいんです。流れがあれば、多少まわるのが早くてもかまわないんです。「とってもよくできてるね。気持ちがいいでしょう。それはもうできたんだから、もっとうまくやるには、頭を入れてまわるのをもっと我慢してごらん。どこまでゆっくりできるかな。これは難しいからできなくてもいいんだよ。」と言ってやれば、子どもは安心してやります。それを、大きくやるということが先になっちゃうと、子どもの動きがぎくしゃくしてしまう。まず、自然の流れということが一番大事なんです。運動というのは流れですから。

〖ここでは二つの重要なことが指摘されています。

ひとつは形よりも流れを重視するということ。もうひとつは子どもが今できていることを認めて次の段階を指し示すということ。教師はどうしても、つま先が伸びているか、手がまっすぐか等と子どもの身体の形に目がいきがちです。それよりも、技の流れが重要だというのです。流れを大切にしながら部分（形）に手を入れていくという指導が大事なのです。

また、教師はまず子どもの今できていることを十分に認めて、その上で次の課題を出すということ、これも指導の基本となる重要なことです。』

⑦呼吸　脱力するために

○（N先生に対して）立ったところからやってください。立ったときに「きをつけ」をやらなくていいから、余分な力を抜いて、気持ちも身体も準備するということが大事なんです。それが準備なんです。「きをつけ」をしたり前を見ることが準備ではない。先生がどこをほめるかがものすごく大事なんです。変なところをほめちゃうとまずいんですよね。「よくきをつけをしましたね」なんて言われると、身体に力が入っちゃうでしょう？　大事なことは、力を抜くということなんです。だから、呼吸が必要なんです。呼吸をするということは脱力するということです。そのことによって、精神を集中するということなんです。

⑧自分を表現できる子にする

〔自分を堂々と表現できる子を育てる、すごく大切な視点です。子どもが力をつけ、自信をもって自分の技を表現できること、教育のおおきな目標です。全ての教科をとおして取り組まないと、可能にはなりません。

　また、「自分の教育が悪い、普段の授業が弱いと思わなければ駄目です」

　という指摘、大変重要です。〕

○自信がない子は呼吸ができないんです。特に誰かに見られているときは、たっぷりと呼吸ができずすぐに動作に移ってしまう。それは、先生方の授業が弱いということです。授業に内容がないからです。どんなに人が見ていても、私は世界に一人しかいないんだと、堂々と胸を張って自分を表現できる子どもにするということが大事なんです。
○それは体育だけではできません。普段の授業の中で一人ひとりを大事にするということを積み上げていく。授業以外のところでも一人ひとりを大事にしていく、お互いを認め合うという思想がないと、そういう子どもを育てられないんです。
○マットまで歩いてきて、立って、ひと呼吸ができる、という子どもというのは、大変な力を持っている子どもなのです。技がうまくできてもそれができない子どもがいる。自己表現するということができないんです。これは、大事なことです。
○これは大人も同じです。自分に自信がなければ下を向いて委縮します。だから大事なんです。そういうことができるような強い精神を育てる。どんなところでも自分を堂々と表現できる力を育てる。
○しかし、それは「そういうふうにやれ」と、から威張りしても駄目です。基本は、自信なり力なりをその子の中に育ててやるということなんです。もし、そういう子が少なければ、教師は自分の教育が悪いんだなと、普段の授業が弱いんだなと思わなければ駄目です。授業や普段の学級経営について、もっと教育の根源的なところから自分を変えていかなければいけないわけです。

○（N先生が前まわりをする）それで立って、歩いてみて。マットを下りたところで脱力する。それで戻って自分の位置に座る。そして友だちの演技を見る。これが演技の全体です。技だけじゃないんです。そうしないと、人間を育てる教育にならないんです。教育として体育をやっているんです。オリンピックの選手を養成するんじゃないんですから。

〔人間を育てるために体育をやっているという視点が大切です。技ができるようになればそれでいいという考え、それは教育ではないのです。〕

⑨形式を優先させないこと

○みなさん、この形式を教えないでください。自分がこの技ができるようになって、満足感が出てきて、自信がついてきたり、気持ちの上でゆとりができてきたりしたときに、初めてそういうことが自然にきれいにできるようになるんです。そういう状態になっていないのに、初めと終わりだけうまくやれと言っても無理です。

○しかし、技の教え方としては、立ったときから技は始まっているんだと、一連の流れの中でその子ども一人ひとりを育てていくということが教育として大事なんだと、ちゃんと頭に入れておかなければなりません。

⑩いろいろな前まわり

○(「大きな前まわり」) 首をあげたまま前に体重を移していく。腕で全体重を支えながら体重を前に移動させていく。我慢ができなくなったときに、まわる瞬間に首を入れる。さっきやった前まわりがこういうふうに発展していくんです。

○(「腕立てふせからの前まわり」) 足を身体から離して手をつく。腕立て伏せの姿勢になる。そして足の裏をひっくり返して、足を身体の方に引きつけてきて、前まわりをする。これは四年生以上の技です。顔を上げたまま足を引きつけてきて、まわる瞬間に頭を入れる。これはそうとう大変です。腹筋も背筋も腕の力も使います。

『「大きな前まえまわり」のことを、私は「ザ・前まわり」と名づけて指導しています。これができるようになると、次の「腕立て伏せからの前まわり」ができるようになってきます。そして体重移動で腕に全体重をのせるのですから、「倒立前まわり」にもつながるのです。』

⑪前まわりをする意味とは

○まわるということにどういう意味があるのかということが大事なんです。いったいなぜこうやって前まわりをさせるのか。これは、腕の使い方、身体の使い方が、後々の高度な技の基礎になっていくから意味があるわけです。

○私なら、まずいろいろなまわり方で遊ばせます。蹴って早くまわらせたり、うんと小さくまわらせたりする。この一枚のマットで何回まわれるかとかやらせてみる。そして、後に発展させていける前まわりに入っていきます。腕の使い方、身体の使い方の基礎として位置づけている技の解釈です。

〈その後、「後ろまわり」「ゆりかご」「横まわり」「三点倒立」「開脚腕立てとび上がりおり」「閉脚腕立てとび上がりとび下り」「開脚とびこし」「台上前まわり」「頭支

持台上前転」の指導を受ける）

〜〜＊〜〜＊〜〜＊〜〜＊〜〜

3. 職員合唱「利根川」に取り組む

話はⅠ章の「もみじ」の指揮練習の後の職員室にもどります。「もみじ」の指揮練習の後、ぜひ指揮練習を続けたいという声がたくさん出ました。

(1) 先生方が解放されていく

指揮練習の後、次回はどの曲にしようかと話し合っていると、指揮だけでなく朗読もやってみたいという人が出てきました。そこで、朗読、独唱、合唱が含まれる「利根川」にすることに決まりました。

一回目の練習のとき「この曲で一人ひとりの朗読や独唱、合唱を指導してもらいます。直接指導を受けたい人は、朗読や独唱を希望してください。それ以外の人は合唱隊として参加すれば、指揮や指導を見ることができます。」と話して、希望者で分担をしました。校長先生もぜひ入れてくれということで、朗読を担当しました。

練習は六回しか取れませんでした。しかし、回を増すごとに「利根川」の世界に浸れる人が増えてきました。練習で私が言ってきたことは、自分のやりたいように表現しよう、体育館のはじまで声を届けよう、身体を使って表現しよう、ということでした。先生方にとってこういう表現活動は初めての体験なので、リラックスして表現できればと思っていました。楽しめないとね。

交代で指揮をしたり、朗読に注文を掛け合ったりして練習をしてきました。独唱の声が出ないという人がいたときには、「じゃあ、みんなで踊るので、それに合わせて歌ってください」とみんなで一緒に歌いながら踊ったりもしました。そうすると、心も身体もリラックスして、声が出てくるのでした。

また、ある先生は、「もみじ」での指揮練習のビデオを見なおして、『「私の指揮は小さい」とか「箱石先生の指揮は同じ速さで手拍子をしているのではない」などと、自分の課題や問題点を把握しながら指揮の練習をしているのでした。

先生方は、練習の中で、声が出てくる、楽しくなってくる、イメージが湧いてくる、自分が拓かれてくることを実感していったのでした。

当日の箱石先生の指導は、本格的なものとなりました。一人ひとりの朗読や独唱ばかりでなく、伴奏のピアノにまで注文がとびました。一人の人に三回も四回も注文が続くのです。先生方も出された課題に応えようと何度も挑戦するのでした。そして、終わってからも「私のところはどうしたらよいでしょうか」と、三人も四人も箱石先生のところに聞きにいくのでした。先生方のその熱意に私は深く感動していました。

(2) 教師が拓かれるとき……先生方の感想

高い文化のものにふれ、仲間と一緒になってそれを追求する。そのことによって、自分を新しい世界に入れて、自分が拓かれていく。その喜びを知ったときに教師は、真の教師になる道を歩きはじめるのです。

それらのことが、先生方の感想に現れています。感想をいくつか紹介しましょう。

〜〜＊〜〜＊〜〜＊〜〜＊〜〜

楽しいひととき

S／R先生

利根川——初めて練習したとき、何とむずかしいのだろうと、歌いにくいのだろうと、正直いって思った。ところが練習の回を重ねるごとに少しずつ歌えるようになり、楽しくなっていった。そして、箱石先生のご指導により、声のだし方、息のすい方等を学び、一層声がかわっていく。曲の中に自分達が入っていく感じがした。楽しいひとときだった。できていく（声がそろっていく）おもしろさ、喜び、学ぶことの楽しさ、いろいろなことを教えていただいた。

最後に、加藤学級の子ども達一人ひとりの生き生きとした表情が印象的だった。

T／K先生

「利根川」への取り組み

ただ一人の観客、そして演出家の箱石先生を迎えての職員合唱「利根川」。合唱隊の一人であり、たった一行の朗読をするだけの私でしたが、胸はドキドキでした。

「利根川」に初めて接したときの感想は、〝難しそうだなあ〟の一言につきます。音楽の素地のない私にとっては、〝こんなに高い音が出るのかしら〟〝朗読は音に合わせないといけないのでは〟などの思いが強く、〝歌ってみたい〟〝声を出してみたい〟という積極的な気持ちは、ありませんでした。

一回目の練習で

「自分の悲しみや喜びを利根川に語りかけて生きてきた」

の部分の朗読をすることになっても、本当に言葉を棒読みしているばかりでした。

でも練習を重ねていくうちに、一人一人の朗読の言葉に、独唱の響きに、合唱のハーモニーに、自分の気持ちがすんなり入っていくのを感じました。自分なりの「利根川」の世界をつかんできたのでしょう。またそこには作品のすばらしさがあったからだと思います。家に帰る道すがら、自転車をこぎながらせりふを言ってみたり、台所で食器洗いをしながら利根川の流れを頭に浮かべて声を出してみたりしました。

まわりの状況がわかってくるにつれて、練習で他の人の声を聞くのが楽しくなりました。みんなで、「利根川」を創り上げていくということがよくわかりました。

当日の箱石先生の指導は、適切な身ぶり、手ぶりを入れて、心を言葉に込めることの大切さを教えて下さいました。何よりも耳に残っているのは、

「肩の力をぬいて、自然に。」

ということです。

今回体験したこのような取り組みを、子どもたちにもぜひ体験させたいと思います。

「利根川」を、歌って

S／N先生

はじめての練習で、音を追っていくだけで一声も出せずに終わってしまった。「なんと難しい曲を選んだものだな。」と思った。二回三回と練習を続けていくうちに、なんとか、曲を覚え、高い音も出るようになり、学校の帰りにも口ずさんで歌えるようになった。だが、朗読は、感情をこめてできなかった。何日目かの練習のあとで、加藤先生に「今日は、よかったですね。」と言われた。その日は、声もよく出て、気

分よく歌えた日だった。

研究協議で、箱石先生が、教材解釈について話されていたが、私は、「利根川」の詩をじっくり読んで考えてみたことがなかったことに気づいた。詩全体を自分なりに解釈し、イメージをつくり上げておかないと、流れに乗って、自然に感情をこめて歌いあげることは、難しいということを知った。「利根川」を歌う心ができていなかったのだとおもった。

このことは、普段の音楽の時間にも通じるものがあると感じた。一年生を担任しているので、いつも楽しく歌えるようにと、考えて指導していたが、詩を読んで、内容について考えたり、イメージをつくり上げることをほとんどしていなかった。無謀な指導をしていたことを痛感させられた。

前回、箱石先生の歌唱指導で、加藤学級の子ども達が、伸び伸びと、気持ちよさそうに歌っている様子をみて感動し、「よし、クラスでもやってみよう。」と思い、何回か、挑戦してみたが、なかなかうまくいかなかった。身体を動かすと、動きの方に神経がいき、声を出して歌うことを忘れてしまう。なぜだろう。繰り返し指導していけばできるようになるのだろうか。いろいろ考えていた。
今回の研究協議の中で箱石先生がお話してくださった中に、解答が得られたような気がした。それは、「肉体的にも精神的にも解放してあげることですよ。そうすれば、生き生きしてきます。必ずなりますよ。」と、自信を込めておっしゃっていた。音楽の時間だけでなく、普段の授業の中で、子どもたちが気がねなく自分が出せる場を、はたして、つくっていただろうか。いつも、その逆のことをしていたのではないか。子ども達が、安心して、自己表現できる場づくりが、根本だと思った。
加藤学級の子ども達に近づけるように、一歩ずつ、この課題に取り組んでいこうと思った。

〜〜＊〜〜＊〜〜＊〜〜＊〜〜

これ等の文章に表現されていることは、「利根川」に挑戦し、練習し、仲間と学び合っていく楽しさです。先生方は、自分の発表にドキドキしたり、学校への行き帰りに歌ったり個人練習も積み重ねていました。出張を断ってまで「利根川」の練習に参加する先生までいました。みんなで利根川を創り上げていく楽しさ、学ぶ楽しさを味わったのでした。先生方の教師として生きる熱意と喜びに火がつき、教師として拓かれていったのです。こういう校内研修は実に楽しいものです。

4　オペレッタ「三まいのおふだ」の取り組み（二年）

(1) この実践ができるまで

この実践は、私が教師生活一三年目にして初めて到達した実践です。
その当時の私の文章をそのまま載せておきます。

〜〜＊〜〜＊〜〜＊〜〜＊〜〜

このオペレッタは一月から始めていた。しかし歌を覚える程度であり、本格的には発表の二週間前から始めようと考えていた。長々と練習をしても反復練習になってしまったら子どもを飽きさせると思ったからだ。そんなことで呑気にしていたら、インフルエンザが流行して学級閉鎖になり十日間も子どもたちに会えなくなってしまった。

学級閉鎖があけて子どもたちが学校に出てきたのは授業公開の五日前であった。しかし、私はそれほど焦ってはいなかった。それは、子どもたちは歌もストーリーも覚えていたので、それをつなげればいいと思っていたからだ。自分の中にあるオペレッタのイメージを子どもに押しつけようとは思っていなかったし、子どもを美しい動きにしようとも考えていなかった。この教材は、子どもが創るものだし、この教材の世界で子どもが楽しめればいいのだと考えていた。

月曜日から、教室を発表する場所に見立てて練習を始めた。しかし、狭い場所での四十分ほどの短い時間では、子どもたちはなかなかのってこなかった。そこで、教室の机を全部廊下に出して、二時間連続の練習をした。山や川などの表現を中心にして、子どもたちを思いっきり動かした。すると子どもたちは自分たちからいろいろと工夫をして動きだし、私は手ごたえを感じた。

これらの練習をとおして、私が気をつけたことがある。

一つは、子どもを絶対に型にはめないこと。子どもたちに「ああ動きなさい」「こうしなさい」と動きの指示を出すのではなく、子どもが考え出した動きに少し手を加えるという方向で指導をした。

二つ目は、子どもを楽しませるということ。子どもをこの世界に入れて、このお話を楽しませるということを中心にした。だから初めは全員がこぞうをやりおにばさをやっていた。その中から適任の子がだんだん選ばれていった。

まず、子どもたちは、おしょうとおにばさとのかけあいのところを楽しんだ。その場面になると子どもたちはニコニコとし、そして笑いながら友達の動きを見、せりふを聞いていた。みんなが一つの世界を楽しんでいたのである。

次に子どもたちは、山や川、火の身体表現のところを楽しみだした。体育館で練習したときには、ひとつのグループが舞台の中心で火の表現をやっていると、それ以外の子どもたちは袖でそれぞれが思い思いの火の表現をやっている。その袖でやっていた子たちの表現をみんなで見ることにより、新しい表現が生まれてくるということがたびたびあった。

練習のあとに、テープ（表現の曲が入っている）を貸してほしいという子どもたちが出てきて、いくつかのグループが持って帰り、集まって練習したようだ。子どもは表現を楽しんでいた。

そんな中で箱石先生の手入れの日を迎えた。子どもたちは先生に見てもらえるのを楽しみにしていたし、張り切ってもいた。

このときの子どもたちの集中力には驚かされた。箱石先生も授業後「指示が子どもたちにどんどん入る。」と話されていたが、このときは一回の指示ですぐにできるようになったのだった。今までだと、先生から出された指示で私が指揮をするのだがそれではならず、先生が直接指揮をするということが多かったが、今回は私の指揮でもどんどんなおっていった。
また、子どもたちがオペレッタをやっている最中に箱石先生が私に課題を出してくださったのだが、次の日にそのことを子どもたちに話そうとすると、「知っているよ」と、つぎつぎと私が指摘されたことを正確に話すのであった。子どもたちは、演技をしながら、先生の話す小さな声をしっかりと聞いていたのだった。子どもってすごいなとしみじみと感じた。

〜〜＊〜〜＊〜〜＊〜〜＊〜〜

子どもがオペレッタを楽しみ、たくさんの先生方が見ている前で、堂々と表現しました。子どもの生命（いのち）の輝きを見た気がしました。

（2）子どもの姿に驚き、感動する先生方

そしてその表現は、参観していた先生方にも大きな驚きと感動を与えました。先生たちの教師としての魂に強烈な一撃となりました。目の前の子どもの事実に魂を揺さぶられたのでした。その文章を紹介しましょう。（ここに載せた文章を書いた先生は、二十代前半の若い先生から四十代の中堅の先生までのさまざまな年代の先生方です。）

～～＊～～＊～～＊～～＊～～

肩の凝らない研究会

I／K先生

こういう研究会なら肩が凝らなくていいなと思う。後の研究会で指摘されるのも冷

静に聞けてよいが、その場で指導してもらうことの方がなるほどと思うし、また次の瞬間から生きてくるから見ている側もよそ見なんかしていられないのだ。

そうはいっても実際に授業者にとっては形態が違うのでやりにくい点もあるだろう。加藤先生のりっぱなところは、照れを超えて一生懸命に指揮法を真似しようとしているところだった。前回の授業研究会の日、音楽の授業の時のあの姿が忘れられない。箱石先生から、「もっとこうした方がよい。」「そうじゃなくて……。」「ハイ。」と指導されている。自分のこうした姿を子どもたちはどう見るだろうかという低次元で判断していては教師本来の学ぶ姿勢が失われてしまうというのに。

今回の音楽授業はオペレッタを見せてもらった。まだ二年生である。私は音楽の授業の枠にこだわりすぎてきたのだろうか。以前、机のない音楽室で授業をしていた専科の先生がいたけれども、ふと、そんなことを思い出したりした。

いちばんよかったのは、子どもたちの表情である。身体全体で歌っている。身体表現が恥ずかしそうでなく、堂々とそして自然に見える。そして、「楽しくてしょうがないんだよ。」という気持ちが伝わってくるのだ。こぞうさん、おしょうさんの話し方、間のとり方がすばらしい。

作品を仕上げるには、国語の力だって必要だ。朗読に力を入れて指導してこられたのだろう。身体表現だってすぐに体が思いのまま動くというわけではない。朝の会から帰りの会まで一日の中で子どもたちに、集中させるときと、自由に解き放つ時を上手に組み合わせてきた結果であろう。体をリラックスさせると、声がほんとうにでやすくなるということは、職員合唱の「利根川」でよくわかった。

箱石先生の言葉の中で印象に残ったことは、私たちはスペシャリストをつくっている、のではないということ。低学年のうちから、自分の心を外に表す方法がいろんな形であるんだなと思った。また、子どもたちの可能性を信じることの大切さも再確認した。

子どもを解放すること・可能性を信じること

F／K先生

授業研究会の一週間ほど前、「三まいのおふだ」の歌声にひかれてついつい二年の教室に入りこみ、練習の様子を見させてもらった（私のクラスは学級閉鎖中）。子どもたちが解放されていること、特に女の子たちがのびやかに自分を表現しているのが、とてもすてきだった。ああいいな、私がめざしているクラスはこんなクラスなんだと、言葉でなく（スローガン的にではなく）心で感じた。

その時間、加藤先生の指導の仕方はこうだった。

・うまい子がこぞう役になったり鬼ばば役になったりするのではなく、だれもがどの役にもなれるようみんなを「三まいのおふだ」の世界にひき入れていた。実際、指名された子はみなそれぞれのこぞう役、鬼ばば役をもっていた。（このことは当然といえばそうなのだが、私にはなかなかできないことだった。いつも歌や朗読のうまい子に頼って、形だけは何とかつくってしまっていた。）

・子どもたちが先生の指示どおりにせりふを言ったり動作をしたりするのではなく、自分でイメージをふくらませながらそれぞれの表現をつくっていけるようにしていた。つまり、課題を与えて子どもたちに表現させる。その中でいいところを見つけ評価を入れる。みんなは他者に学びながらあらたに自分なりの表現をつくりだしていっていた。（これも頭ではわかっていても、難しいことだ。私など、すぐ自分のイメージのわく内に子どもを入れてしまう。子どもからひき出すことは時間がかかるしこちらの力量も要求されるので、つい楽な方へいってしまう。あるいは子どもを信頼していない、子どもの可能性を信じていないということなのかもしれない。）

こういう指導の積み重ねの上に当日の授業があったんだなと、たくさんの先生たちの前で実に楽しそうに、実にうれしそうに「三まいのおふだ」を表現している子どもたちを見ながら、思った。子どもを解放するというのがどういうことなのか、子どもの可能性を信じるということがどういうことなのか、少しわかりかけてきたような気がする。

これは楽しい！

A／M先生
（いずみたくミュージカルアカデミー研究生）

今回の授業で箱石先生のご指導を見せていただいたのは二回目になりますが、今まで私が経験してきた授業研究とは全く違う、ということでした。一種のショックのようなものを受けたといっても言いすぎではないような気がします。「研究授業」は、あまりおもしろいものでないな……と考えていた私にとって
「これは楽しい！」

と思えるものだったわけです。

なぜなのだろうと考えた時、とても自然に指導が入ってくるし、子供たちが本当に目を輝かせて「やる気」をぶつけて来るのが肌で感じることができる、又それを見ている方も思わず子供と同じ気持ちにさせられてしまう不思議さというのか……。

私は音楽は楽しいものでなければならないと考えているし、その中で一番大切にし

たいものは、オリジナリティーというか、創造性というか、自分にしかない個性というか、そういうものを引き出しやすいのが、芸術だと思っている。何をするのでも人といっしょ、というのでは創造性など伸びるはずがない。

先日の「三まいのおふだ」を観て……といってもたまたま二年生の練習に立ち会った時感動したのは、同じ役を二人の子供が、それぞれ自分なりの役づくりで表現していた事である。言葉にしてしまうと当たり前になってしまうが、その場面は本当に感動的で素晴らしかった。

自分が芝居をやっている立場から、教えられた気がした貴重な時間だった。創り出していく最初から見てみたかったと感じたし、劇団の仲間たちにも見せたかった。台詞を言う時の呼吸や、歌う時、表現する時の表情は、すなおでない大人にとってなかなかマネのできない難しいことだからである。

わずか二回だけしか授業見学をしたことがないので、まとまった感想を書くことができないが、「表情」「表現」を豊かに、「誉める」ことを忘れない指導を私もあと一カ月授業をしていく中で生かしていけたらと努力するつもりです。

また機会がありましたら是非参加させてください。

表現に学ぶ

T／K先生

学級指導の中で「心に太陽をもて、くちびるに歌をもて」と、歌うことの大切さを、この一年、子どもたちの心の中に訴えてきたが、歌唱力はついてくるものの、今一つ、表情が暗く、悩んでいた。

そんな矢先の箱石先生の指導の話は、渡りに船という感じですぐにとびついた。とにかく子どもたちの表情を変えてほしかったのだ。

たった二〜三十分ほどの指導だったが、結論ははっきりしていた。全て、基本は〝脱力〟にあるということだ。これは、私がリズムなわとびを指導するときにも言っていることなので、大変共感した。

体に無理な力が加わっているというだけで、抵抗となるので、まずその力を取り除くことからはじめなければならないので、二倍の時間がかかるということだ。それに、子どもをリラックスさせるためには、教師自身の姿勢がリラックスしていなければ子どもに要求できない。いくら、口で〝明るく〟〝楽しそうに〟といっても変わるはずがない、ということだ。

箱石先生は、みずからはずみ、時には踊るように……、子どもをほめ、明るい表情をひき出していた。「体が一つの楽器になれ」という箱石先生の言葉が、子どもたちにも私にもストンと落ちていた。ひびくように、自分自身をよい楽器になるように変えていくこと。私の目の前で、走ったり、ウォーキングしている子どもたちが、実に楽しそうに明るい表情となり、自分自身を知らず知らずのうちに楽器に変えようとしているようにみえた。

加藤学級の「三まいのおふだ」は、自然に表現されている子どもたちの動きに目をみはるものがあった。全員が楽しみ、歌の世界に入りこんでいるのが、見ているものをひきこみ、感動を与えていた。

一人一人の目がかがやき、体をゆすり、首をかしげ、手を大きく広げ、のびのびと動いている……。純真な子どもそのものの姿なのだ。こんな情景の中にもうじき六歳になるわが子の姿を思い浮かべ、こんなふうに指導してもらえたら……と、親心が強く動いていた。

〝心の教育〟がさけばれている今日、音楽を心の友とし、表現の喜びを少しでも味わわすことにより、子どもの豊かな感性が育ってくれれば本当にうれしいことだ。学校として、このように一貫した指導のもとに子どもたちを育てることができたらどんなにすばらしいことだろう。

〜〜＊〜〜＊〜〜＊〜〜＊〜〜

先生方の感想にある「肩の凝らない研究会」「楽しい研究会」ということに象徴されるように、先生方は学びたがっているのです。その先生方の期待に応えたのが、ここに実現した校内研修だったのです。

そして、オペレッタでの子どもたちの姿、練習風景、そこに子どもの生命（いのち）

の輝きを見て感動し、自分のクラスの子どもたちにも同じ体験をさせたいと願う先生方がいるのです。ここに教育があると、先生方は感じたのでした。

　最後に、保護者向けに体育館で発表した「三まいのおふだ」のビデオを載せておきます。たくさんの保護者を前に、子どもたちはオペレッタを楽しみました。

5．授業を中心とした研修会の意味
～子どもも教師も拓かれる校内研修～

五年間にわたった自主研究会、そしてそれが学校としての校内研修へと発展していったこと、それは校内研修の可能性を開いたものでした。誰かに決められた研修ではなく、指定された研修でもなく、職員が自ら選んだ校内研修となったのでした。

授業を見合ったり、実際に子どもを指導し合ったりしながらの職員研修は、子どもの可能性を拓くだけでなく、先生方の可能性をも拓きました。目の前で自分のクラスの子どもたちが今までと全く違う姿を見せたという事実。伸び伸びと自由に演技する子どもたちを見たという事実。集中して技に取りくむ子どもの姿をみたという事実。それらの事実を見た先生方は、驚き、自己をふり返り、そして新たな意欲に燃えるのでした。先生方の中に眠っていた教師としての魂に火がついたのです。先生方の教師としての可能性も、授業研究によって拓かれていくのです。

横須賀薫氏は『授業における教師の技量』（国土社）の中で、「学校を基盤とする教師教育」の課題として「学校が創造的な教育実践を展開するなかで、具体的な教師としての訓練、教養の形式がおこなわれる場になっていなければならない」と述べています。まさに、この学校が、その事実を出したのではないかと、思っています。

最後に、校長先生と定年退職が近いT／Y先生、そして若いT／A先生三人の文章を載せておきます。T／Y先生の文章、実に初々しいですよね。何歳になっても、教師にはそういう魂が宿っているのです。

〜〜＊〜〜＊〜〜＊〜〜＊〜〜

力を合わせて

N／T校長

日本の教育界の巨匠、斎藤喜博先生に関する著書は、私も若い頃から読んで感動し、何とか実践のまねごとでもしたいと思ってきましたが、大したこともできずに年をとってしまいました。

今年は、加藤先生の恩師箱石先生のご指導をとおして斎藤喜博先生の流れをくむ、教授学研究の会の指導の一端にふれることができ、大変うれしく思います。やはり本で読むよりは、具体的に授業をとおして指導をしていただいた方がよくわかります。大学の先生が、学説や理論だけでなく、現場で授業をとおして具体的に指導してくださるということは、現場をあずかる私たちにとって得難くありがたいことです。

箱石先生の合唱の指導のしかたは、今までに見たこともない方法でした。子どもを歩かせたり、手拍子で指揮をされたり、ねそべらせたりして、身体全体でリズムや呼吸のしかたを体得させ、心身を解放しながら豊かな発声ができるようにしておられました。発声やリズムは身体の条件と深い関係がありますから、まことに理にかなったやりかただと思いました。また、表現するとき歌詞のイメージをとても大切にしておられましたが、教えられました。

瑞穂第三小の実践記録もビデオで見せていただきましたが、子どもたち一人ひとりの演技が実に美しく心身のありったけを集中して表現している姿に感動しました。あとで、第三小の実践記録集を読ませていただきましたが、体育の大会、音楽会、書道展などでもすばらしい成果を上げていることを知りました。これらの成果は、第三小の先生方が、日々の授業を質の高いものにして、子どもの力を十分に引き出す努力をしてきたからだと思います。

箱石先生は、お話の中で、「教師が教材に対して、深い解釈ができないとよい授業はできない」「深い解釈ができるようになるためには、教師自身が、たえず人間や社会や歴史などに対して豊かな経験を積んで、感性をみがくよう心がけねばならない」と言われました。私は、ああこれがほんとうの研修の姿だなと思いました。

今後、私たちは、授業の実践をとおしながら、つぎのようなことを学んでいかなくてはならないと思います。

教科や教材の本質、教材解釈のしかた、授業の展開のしかた、子どもを見る目、子どもの発言や動きのとらえ方、これ等のことを学ぶにはどうしても指導者から直接指導をしていただいたり、実践書を読み合ってこれを授業のなかにとり入れて、実践してみることが必要です。

箱石先生も本校の先生方の熱意を高く評価され、お手紙の中で「研究会では、先生方の熱意に感動しました。一人ひとりの先生方の熱意と力を合わせ〝子どもの力を引き出す〟こと一点に向けていけば必ずよい仕事ができます」と言われました。私もそう思います。先生方のご健闘を祈ります。

T／A先生

自分の課題

今回の箱石先生の指導で、印象に残った話があった。

そのひとつは、「ことばが何を表現しようとしているかがわかると、イメージがわいてくる。」という話である。これを聞いて、自分は、曲やことばに対して何のイメージももたずに、音楽の授業をしていたことに気がついた。どなってうたっている子どもに対して「どならないでうたってごらん」としかいえず、それ以上、何をどう指導していいのかわからなかった。自分が何もイメージをもっていなかったので、結局子どもに伝えたいものが、なかったのである。しかし箱石先生は、イメージを、具体的なことばや、指揮によって子どもたちにきちんと伝えていたのであった。音楽も国語と同じように、自分なりの解釈が必要なのだということを痛感した。

もうひとつは、子どもを解放するという話である。たしか、よけいな力をぬかせ、自分をだせる状況においてやることが大切だという内容だったと思う。休み時間になると、とても楽しそうに、しかも動作付きで歌をうたっている子どもたちの姿が、解放されている子どもの姿ではないかと私は思う。しかし、音楽の時間になると、とたんに表情がかたく、声も出なくなってしまう私のクラス。授業中にいかに子どもを解放するかがこれからの課題だと思う。

箱石先生の指導で、自分自身の課題が今までより明確になったような気がした。

クラスの子を指導していただいて

T／Y先生

タッタッタッ！　今まで腕組みをしてじっと椅子に腰かけていらした箱石先生が子ども達の前へ進み出た。

先生の体中からあふれ出る動き、体中で表現するあの大きさに息をのみ吸い込まれてしまった。いつの間にか私も子ども達と一緒に歌っていた。思わず我に返ったとき、照れくささや、年甲斐もなく、などの思いはなく、すがすがしく豊かな気分になっていた。この気分こそが子ども達のやる気や可能性をひき出すもとなのであろうと身をもって体験した。

自分もやってみるが、真似は駄目である。形ばかりの表現は空々しくむなしい。内面からほとばしり出るものを生み出さなくては……。

箱石先生に出逢えたことで私もやる気を出し、子どもを伸ばしていきたい。

〜〜＊〜〜＊〜〜＊〜〜＊〜〜

〈資料〉　国語科の授業で大切なこと

最後に市指定の国語科研究発表会で私が報告した内容の要約を載せておきます。発表会当日の全体協議会での研究報告です。国語科の授業の原則について、基礎的で重要な内容です。

〜〜＊〜〜＊〜〜＊〜〜＊〜〜

研究主題は「学習意欲を高める授業の創造」です。サブテーマを「子どもの思考力や表現力を高める国語の授業をめざして」と設定して二年間研究してきました。

学習意欲のある子ども、つまり進んで学ぶ子どもというのは、本校の教育目標の一つです。この目標を達成するためには、学校教育全体をとおして、子どもの主体性を尊重した教育活動を展開することが必要です。

特に授業においては、分からないことや知りたいことを、自らの力で調べ、考え、発見するなど、自分の力で解決できる力を養うことが大切です。それら進んで学ぶ能力を育てるために、私たちは自主的な研究を進めてきました。

子どもたちにつけたい思考力と表現力について説明します。

国語科の中で一番つけたい力は、叙述に即して正確に読みとれる力です。これは、子どもにとって意外と難しいものです。正確な読みが、イメージ豊かな読みにつながるわけですから、大変重要です。また、行間を読むということもつながります。叙述に即して正確に読めるからこそ、行間が読め、イメージ豊かに読めるわけです。

表現力に関しては、基本の一つに音読があげられます。クラスの全員が、正確に音読ができるということは大変重要なことです。語彙を増やす、明確な発音、句読点、間、リズムなどいろいろなことが身につきます。

話すこと、書くこと、朗読、そして身体表現と、国語科での活動全てが表現力につながっていきます。読みとっている内容があると表現が豊かになりますし、表現が豊かになることによって内容理解が深くなる、という関係があります。

次に、具体的な研究内容について説明します。

教材解釈と発問の研究を続けてきました。

教材解釈、これはすべての教科に必要なことです。この教材解釈をどれだけ広く深くやるかによって、授業の内容と質が違ってくるわけです。教材解釈をやることによって、子どもたちに正確に教えたいこと、読みとらせたいこと、豊かに想像させたいこと、子どもが読み間違えるだろうこと、子どもに理解困難なこと、子どもたちに聞いてみたいこと、などなどが見えてくるわけです。ここから発問も生まれてくるわけです。ですから、教材解釈なしに授業はできないのです。

では、教材解釈は、どうやったらできるようになるのでしょうか。その道筋として次のような方法を考え実行してきました。

①教師が教材に直接対面する。参考文献を読まず、直接作品に触れ、何を感じるかを試してみる。教材に子どもたちはそう接するわけですから、子どもたちの立場に立って

読むということにもつながります。

②何回も教材を読み、辞書にあたってみたりして、教材を正確に理解する。視写や書き込みをしてみる教師もいました。さまざまな方法を用いて、教材を正確に理解すること、基本であります。

③主題にせまるポイントとなる言葉（重要語句）を探しながら読む。教材全体の構造をとらえ、ポイントとなる言葉を教材の全体に位置づけて読む。これらの作業によって教材全体が構造的にとらえられ、単元全体の構成がはっきりとします。教材の山場はどこか、扱う場所の軽重、朗読に力を入れる場所等がわかるのです。

④この教材で、子どもたちに何を教えたいのか、何を伝えたいのか、どういう世界を共有させたいのかを明確にする。

⑤多様な読みを想定する。子どもたちはどう読むだろうか、どこが分からないだろうか、どこを読み間違えるだろうかと、担任している子どもたちの顔を思い浮かべながら考える。

⑥発問を考える。どういう発問をすれば、子どもたちから多様な意見が出るかを考える。

⑦参考資料や先行実践から学ぶ。作者の生涯、他の作品等。
⑧学年で、職員間で、教師各自が読みとったものをもとに話し合う。当然のことですが、教師の間でも全く違った読みとりが出てくる可能性があります。どの読みとりが正しいかという問題もありますが、多様な読みの可能性がそこで出され、検討されることが重要なわけです。それらをとおして、子どもの読みの可能性が予想されたり、自分一人では考えられなかった違った角度からの読みが分かり、解釈や発問が深まるわけです。

発問に関しては、「結晶点」という考え方について説明します。

指導案の本時の展開で「結晶点」という言葉を使っています。簡単にいえば、発問の答えのことです。

Aという発問をしたとき、子どもはいろいろな発言をするわけですが、その中のどれを正しいと認めるか、または、それらをとおして子どもたちをどういう世界に連れていきたいのか、ということを明確にするのが「結晶点」です。授業をする教師にとっては、自分のする発問の意図が明確になっているわけですから、子どもから多様な意見が出たとしても、どこに導くかがはっきりとしているため、授業を進めやすくなるわけです。

また、参観する側にとっても、その発問がどういう意図でされているのか、子どもたちをどういう結論に導こうとしているのかがはっきりと分かり、その発問が適切であったかどうかも考えながら参観することができます。

以上が、主な研究内容です。ご清聴ありがとうございました。

〜〜＊〜〜＊〜〜＊〜〜＊〜〜

Ⅱ章　授業における覚え書き

1．子どもが主体の授業……詩「クロツグミ」（五年）
～「主体的・対話的で深い授業」の典型～

⑴　この授業の意味

ここに、箱石先生が私のクラスで授業をした記録を載せておきます。この授業は、私の授業の課題を意識して示してくれた授業です。

この授業の特徴は「子どもが主体の授業」です。具体的には、教師に指名されるのではなく、読みたい子が自ら立って朗読する、発言したい子が自ら立って発言する、という方法です。子どもが自主的に朗読し、発言し、討論する、そして教師はその交通整理をする、そういう方向の授業です。今言われている、「主体的・対話的で深い学び」の授業の典型です。

(2) 授業の記録

授業記録中の『 』の中の文章は、私のコメントです。

「クロツグミ」(小五)の授業

授業者：箱石泰和

所沢市立小学校　加藤利明学級

〈教材〉

クロツグミ

高村光太郎

1　クロツグミなにしゃべる。
2　畑の向うの森でいちにちなにしゃべる。
3　ちょびちょびちょびちょびちょび、
4　ぴいひょう、ぴいひょう、
5　こっちおいで、こっちおいでこっちおいで、
6　こいしいよう、こいしいよう、
7　ぴい。
8　おや、そうなんか、クロツグミ。

（文の上の数字は、授業の途中で子どもたちに書かせた数字）

T　（プリントを配る）
この詩、知ってる?　これやったことあるかな?
朗読の練習をしてごらん。
（各自読む）
C　さあ、いいかな。緊張してますか、まだ。
T　はい。
C　深呼吸してごらん。
（伸びをしたり、深呼吸をしたりする）
C　はい、じゃあもうとれたかな。
T　誰か読んでみて、誰か。立って読んでみて。読みたい人。
C　（誰も手を挙げない）
T　あれ、いないの?　先生は読んでくださいと言っているんだよ。
（子どもたち何名か手を挙げる）

手なんか挙げなくていいから、自分で立って読めばいい。
（二人同時に立つ）
順番にね。早く立った人、あなた一番、あなた二番ね。

原口　クロツグミ
クロツグミ／なにしゃべる／
畑の向うの森で／いちにち／なにしゃべる／
ちょびちょび／ちょびちょび／
ぴいひょう／ぴいひょう／
こっちおいで／こっちおいで／こっちおいで／
こいしいよう／こいしいよう／
ぴい／
おや／そうなんか／クロツグミ／
（／は、子どもが間をとった場所です）

T　うん、うまいねえ。たいへんよく読めたね。

山田　クロツグミ

T　ごめんね。その次のやつも読んで。

山田　高村光太郎

クロツグミ／なにしゃべる／
畑の向うの森で／いちにち／なにしゃべる／
ちょびちょび／ちょびちょび／
ぴいひょう／ぴいひょう／
こっちおいで／こっちおいでこっちおいで／
こいしいよう／こいしいよう／
ぴい／
おや／そうなんか／クロツグミ／

T　うーん、うまいねえ。特に最後のね、「おやそうなんか」というところ、さっきの人と今の人違ってたね。
どう違っていたか、分かるかな。ちゃんと友だちの聞いてなきゃあだめだよ。

うまかった。両方ともうまかった。うまい内容は違ってたけどね。

少しまだ肩に力が入ってるみたいだよ。「クロツグミなにしゃべる（強くがんばった読み方）」と、こうやんないで、音楽と同じだから、もっと肩の力を抜いてください。息吸ってね。「クロツグミなにしゃべる（柔らかい読み方）」。楽にできるでしょう。

はい、今度肩の力を抜いて誰か読んでください。

（また男子が立ったので）ごめんね。今度は女の子がいいな。女の子、誰か。

（立たないので）勇気ある人。五年生なら自分でどんどんやらなきゃだめ。時間もったいないよ。当てればみんな上手に読めるんだよね。当てられなくてもちゃんと読めるようになんなくちゃ。勉強なんだから。

（女の子が二人同時に立つ）はい、いいよ。じゃ、あなた一番、二番はあなたね。

〔子どもたちがこのやり方に慣れていないので、教師が読む順番を決めています。慣れてくれれば、子どもたち同士で順番を決められるようになります。授業は自分たちでつくるものという、子どもの主体性をひき出す方法です。』

大川　クロツグミ

高村光太郎

クロツグミ／なにしゃべる／

畑の向うの森で／いちにちなにしゃべる／

ちょびちょびちょびちょび／

ぴいひょうぴいひょう／

こっちおいで／こっちおいで／こっちおいで／

こいしいよう／こいしいよう／

ぴい／

おや／そうなんか／クロツグミ／

T　また読み方が違ったね、「おやそうなんか」が。いいなあ。「おや、そうなんか（驚いたように読む）、クロツグミ」なんて言ってたね。これはどんな気持ちでいってるんか、後で考えてもらうんだよ。難しいよ。はい、次の人。

金山　クロツグミ
高村光太郎
クロツグミなにしゃべる／
畑の向うの森でいちにち／なにしゃべる／
ちょびちょびちょびちょびちょび／
ぴいひょうぴいひょう／
こっちおいで／こっちおいでこっちおいで／
こいしいよう／こいしいよう／
ぴい／
おや／そうなんか／クロツグミ／
T　はい、いいですね。うまいですね。
それではね、もう一人だけ読んでもらおうかな、もう一人だけ。

今の人ね、「クロツグミなにしゃべる（語尾を上げて読む）」とこうみんな聞いたね。「クロツグミなにしゃべる。畑の向うの森でいちにちなにしゃべる。（全部語尾を上げて読む)」とこう読んだ。そうじゃない読み方できる人いますか。そうでない読み方。

今のもいいんだよ。でも、そうじゃなく読める人いませんか。みんなそうに読む?「クロツグミなにしゃべる?」って。違うように読める人。誰か手を挙げてみて。そうでなく読みたいなあという人いませんか。

(誰もいないので)いない。どう?

「クロツグミなにしゃべる。畑の向うでいちにちなにしゃべる。(語尾をさげて読む)」という読み方だってあるでしょう。ね、やってごらん。みんな同じじゃなくたっていいんですよ。なるべく友だちと違うことになると頭が発達するんだよね。

『「今のもいいんだよ」と、子どもを全て認めています。その上で、違う読み方を要求しているのです。多様性を求めているのです。』

藤山

クロツグミ

高村光太郎

クロツグミなにしゃべる／
畑の向うの森で／いちにち／なにしゃべる／
ちょびちょびちょびちょび／
ぴいひょうぴいひょう／
こっちおいで／こっちおいで／こっちおいで／
こいしいよう／こいしいよう／
ぴい／
C　おや／そうなんか／クロズクミ／
（笑う）
T　いいんだよ。そういうのはいいんだ。分かってたってそうなっちゃうんだよね。
朗読とってもうまかったね。
それで、何が出てくるの？この詩。
C　クロツグミ。

T　クロツグミだけ？

C　作者。

T　作者って誰？

C　高村光太郎。

T　クロツグミってなあに。

C　（小さな声で何か言っている）

T　クロツグミってなんですか？

え？　聞こえないんだよ。

C　鳥。

T　鳥。キツネだっていう人いない？　いや、ライオンだという人いない？

え？　鳥でいい？　そうだね。鳥でいいんだね。先生にだまされちゃだめだよ。

はい、鳥だね。クロツグミという名前の鳥。クロツグミって知ってるかい？

この辺はまだたくさん野鳥がいるでしょう？　加藤先生（担任）は野鳥の会の会員なんだよ。野鳥に詳しいから、どういう鳥か聞いておいてね。教えてもらってください。

　クロツグミ、渡り鳥です。夏になるとね、春から夏になると渡ってくる。山、山だね。少し高いところの山林、林に群れでいる。大変にぎやかに美しい声でしゃべる。ひじょうに囀りがきれいなんだって。だから、昔は、クロツグミの囀りの声が聞きたいために飼っている人がいた。にぎやかでとっても囀りがきれいな鳥だね。

　で、あと誰だっけ、出てくるの。作者？　あといないですか？　クロツグミと作者でいいかい？

C　はい。

　　『「何が出てくる」という発問、この詩の全体像を明らかにする発問のひとつです。』

T　それで、クロツグミはどこにいるの？

C　畑の向うの森。

T　うん。作者はどこにいるの？　どこで聞いているの？

川口　じゃあ、今度は手を挙げて言ってください。作者はどこで聞いているのか。

川口　畑の向うと言っているから、畑の場所に立ってる。

T　え？

川口　向うではなく、こっち。

T　ちょっとここに（黒板）に書いて。簡単に図を書いて。

この人がね、どういうふうに考えているか、書いてみて。

（出てきて黒板に図を書く）

（木を一本一本書こうとしたので）

C　ふふふふふ。

簡単に書けばいいのに。（などとつぶやいている）

T　森はどれ？　すると木はもっとたくさんあるわけね。で、畑はどこにあるの？

C　ここ。（指で指す）

C　（笑う）

T　これが畑か。ここが畑だ。ここに作者がいる。

他に、違う人。

〔「畑の向うの森」という叙述、これを正確に読むこと、困難なクラスもありますが、このクラスの子たちは読みとれていたので、次にすすんでいます。〕

畑のそばに立ってるの？　立って何してるの？　それはまだ分かんない？　はい、誰か違った意見を言ってください。これは、みんな自由に想像すればいいんです。分かんないんだから。私は違う、こういうふうにイメージを描いているんだという人。

〔教材の文章から分かることと文章からは限定できないので自由に想像してよいところとを明確に区別しています。森と畑と作者の位置関係は叙述から正確に読みとる必要がありますが、作者がどこにいるかは文章に書かれていないので自由に想像してよいのです。〕

河野　畑の向うの森と言っても必ずしも畑の前にいるとは限らないから、その他のどこか分からないけどそこらへんにいる。

T　ちょっと分からなかった。もう一回言って。

〔最初の河野の発言に対して、教師は「よく分からなかった」ともう一回言わせています。それは、教師が河野の発言を理解できなかったというのではなく、それを聞いている他の子どもたちには分からないという教師の判断がそこにはあるのです。ですから、教師は河野の二度目の発言の後に「言っていることは分かった?」と他の子どもたちに確認しています。子どもの発言を明確にさせて、その発言を他の子どもたちが聞いて、その子たちが自分の頭で判断する、という子どもも中心の授業観なのです。〕

河野　畑の向うの森と書いてあるけど、遠くにいても畑の向うの森には変わりはないのだから、遠くの家でもいいと思います。

T　なるほどね。言っていることは分かった?
畑のそばとは限らない。もっとこの辺に（黒板の絵を指しながら）ね、遠いところにうちがあるんだね。うちの中にいて聞いてるかしんないよ、と言っている。そうだね。畑から少し離れたところでね。畑があってうちがあって、うちの中に作者がいるかもしれない。なにしてるか分からないけどね。何してるんだろうねえ。……そして、畑をはさんで畑の向うの方に、この人から見るとね、森があって、ここでにぎやかにクロツグミが鳴いているんだ。そういうふうに思うんだって。

河野　はい、違う人。もっと他にいますか？　みんな同じ？　あれ、みんな同じになっちゃった？　いい？　みんな。うちの中にいると思う人？

T　うちの中に……

え？　何してるの？

これはもうみんな想像してください。書いてないんだから。何してると思う？

河野　何かやりながら、聞いてる。あんまり音の出ない作業。

T　ああ、音の出ない。何か分かんないけど、あんまりね、にぎやかにギター弾いて歌ったりね、ステレオぼんぼんかけたりなんかしてるんじゃなくてね。お台所でがちゃがちゃがちゃがちゃやってるんじゃなくて、何か音の出ない作業、仕事をしている。

みんなそうですか？　はい、他に、僕はこう思うという人いませんか。一番後ろの人。

佐藤　ぼんやりながめている。

T　あ、ぼんやりながめている。なるほど。どこをながめてる？

佐藤　クロツグミの方。

T　いる方をね。

作者は一人で住んでるのかな。家族はどこにいるの。それは分かんない？　いつ聞いてんの？　いつごろ聞いてんの、いちにちの。

C　（お昼ごろとか言っている）

『ここまでのところでは、子どもたちがどこまでイメージを持っているか探っているのです。』

T　え？　ほんと？

はい、誰かもう一回読んでください。今、みなさん絵を頭の中につくってください ね。はい。

〔この朗読は、今までの授業の流れの中で子どもなりにできたイメージを明確にさせるために行ったのです。この授業の特徴のひとつに、要所要所に朗読を入れていることがあげられます。〕

井上

クロツグミ

高村光太郎

クロツグミ／なにしゃべる／

畑の向うの森で／いちにち／なにしゃべる／

ちょびちょび／ちょびちょび／

ぴいひょう／ぴいひょう／

こっちおいで／こっちおいで／こっちおいで／

こいしいよう／こいしいよう／

ぴい／

T　おや／そうなんか／クロツグミ／
うん、みんな絵が浮かんだかな。いろいろな絵がね。みなさんの頭の中全部違うのが浮かんだっていいんですよ。それぞれ自分の絵を決めてくださいね。
〖子ども一人ひとりが自分で自分なりに決めることが主体性の第一歩です。自分の意見を持つこと（その根拠もはっきりとさせておくこと）、そしてそれをもとに友だちと話し合うこと。主体的・対話的な授業の第一歩です。〗
それで、ひとつ聞きたいんです。今読んでくれたけれども、この詩の中でクロツグミがおしゃべりしているところはどこですか。
〖ここにこの教材が含んでいる仕掛けがあります。作者のことばとクロツグミのことばが一読では分かりづらいのです。その弁別で子どもたちは苦労し、考え、討論する、深い思考への入り口です。〗
C　（口々に何か言っている）

T　いやいや、「クロツグミなにしゃべる」これは誰が言ってるの？

C　作者。

T　うん。「畑の向うの森でいちにちなにしゃべる」は？

C　作者。

T　「ちょびちょびちょびちょび」は？

C　クロツグミ。

T　え？　作者？　クロツグミ？　どっち？

C　クロツグミ。

T　これはクロツグミだねえ。

　　クロツグミは、他にはどことどこでしゃべってるの？

C　ぴいひょうぴいひょう

　　こいしいようこいしいよう

T　じゃあ、ちょっとねえ、一行ずつ上の方に番号をつけてください。題と作者はいいです。「クロツグミなにしゃべる」のところを1にして。2、3、4、5、6、7、

8と。

はい、そうすると、クロツグミがおしゃべりしているところはどこですか。数字で言ってください。

C　（口々に言う）

T　はい、じゃあ、誰か言って。

C　3と4と7。

T　ええ。3と4と7（板書する）。他には？

星　3と4と6。

T　え？　3と4と6。7は？　7は違う？

星　あ、7も。

T　いいよ、いいよ。自分で決めればいい。7は違う。

星　7も。

T　7も。3、4、6、7（板書する）。

はい、しっかりするんだ、頭を。考えて。

（子どもたち手を挙げる）

同じ人ばっかりだなあ。手を下ろしてください。よく考えてください。自分で読んでから、小さい声で読んで決めてください。

（子どもたち小さい声で読む）

〖どうしても同じ子どもが発言しがちです。そこで教師は、まだ発言していない子どもを指名しました。〗

はい、いいですよ。あなたはどう思う？

清水　3と4と5と6と7。

T　そうすると全部だ。（板書しながら）3と4と5と6と7というと全部だねえ。ちょびちょびちょびちょび、ぴいひょう、ぴいひょう、こっちおいで、こっちおいでこっちおいで、こいしいよう、こいしいよう、ぴい、ここまで全部。

さあ、どれなんだろう。他にいますか？

川口　3番はなくて、4番と5番と6番と7番。

T　あ、これ（3）は違うんだ。4、5、6、7（板書する）。

他にありますか。あら、ずいぶんいるんだ。困ったぞこれは。

山田　7番だけだと思います。

T　7番だけ（板書する）。さあ、困ったぞ。分からなくなってきたぞ、先生も。はい、じゃあ、なぜそう思うか理由を言ってください。7番だけという人言ってみて。

山田　3番と4番はクロツグミの鳴きかたを真似したみたいにちょびちょびちょびちょびいちにちなにしゃべるということで、4番もぴいひょうぴいひょうなにしゃべるということで、それから5番はこっちおいでと作者がよんでいて、6番は作者がこうしいようこいしいようと言って、1番から6番までは作者がクロツグミに話しかけているんだけど、7番でクロツグミが初めてぴいとこたえて、で、作者が初めて8番で分かっておやそうなんかクロツグミと言っている。

T　どんどん言ってください。

河野　私は、2番のいちにちなにしゃべるの最後にクエッションマークをやって、聞いたことにして、それで3番から7番までがクロツグミが言ってることにして、それで8番のそうなんかというのはそうなのかという意味だから、そこまで聞いてそうなんかと言ってる、というふうに考えたから、そうしました。

C　僕は…

T　ちょっと待って。今の人はね、一行目と二行目、クロツグミなにしゃべる、畑の向うの森でいちにちなにしゃべる、これはクロツグミに聞いてるんだと言ってる。声を出して聞いたか、心の中で聞いたんだか分かんないね。だけど聞いているんだ。そしてその次、三行目から七行目まではクロツグミのさえずりの言葉で、最後がおやそうなんか、そうか分かった分かったクロツグミ、というふうに言ってるんだ、というのね。
　1と2と8が作者の言葉で、3、4、5、6、7が全部クロツグミなんだと、言ったんだよ。分かるね。

〔この河野の発言は正解なのです。一般的に教師は、こういう発言が出ると喜んで、それを認めてしまいがちです。しかし、ここでは、その子どもが言っていることを明確にして他の子どもに説明するという交

通整理にとどめました。それは、判断するのは子どもたちだ、という授業観だからです。〕

他の人は？

川口　僕は1番は作者が語りかけていて、どうして3番を反対したかというと、ちょびちょびちょびちょびというのはクロツグミの動作かなと思ったから。

T　はい、いいよ。どんどん他の人言って。

それからね、質問してもいいんだよ、今言ったことに対して。それはおかしい、これはこうだと。この人が言い終わったら、みなさん自由にやってください。先生、ここで見てるから。自分で考えればいいんだから、授業って。いちいち先生に言われなくてもね。

〔自分なりの読みとりや意見を、言いたい人が言う。それに対しての反論、賛成、討論する。主体的・対話的な授業です。〕

藤山　僕は3番と4番と7番がいいと思ったんですけど、1番と2番では作者が語りかけていて、3番4番でクロツグミがなにか言葉をかわしていて、5番と6番で作者がクロツグミをこっちへおびきよせようとしてわざとこいしいようと言ったりして、おびきよせるとかそういうことを考えていて、それで7番でクロツグミは語りかけて、それで8番でその意味が分かったよと言って、この詩が終わっているんだと思います。

T　それぞれの考え方は分かったね。それでお互いに討論してください。誰だれちゃんのはおかしいよとか、これはどうしてそうなりますか、という質問、あるいは反論を自由にやってください。ただ自分がそう思ったというだけでは駄目なんだよ。自分がそう思ったら自分が正しいことを証明しなくちゃいけない。相手をちゃんと否定しなくちゃ駄目だ。

はいどうぞ、自由にやってください。

河野　川口君の意見なんだけど、川口君は3番が違うと言ったけど、その3番は、クロツグミっていうのは鳥なんだけど、3番は動作と言ったんだけど、大きい鳥だったらこういうふうには歩かないから、どうしてこれが小さい鳥だということが分かるんですか。

川口　それは、ちょびちょびちょびということから小さい鳥だと……

T　分かんなかったらもっと質問すればいいでしょう。

山田　川口君に質問なんですけど、ちょびちょびちょびだと小さい鳥なんですか。僕が思うには、ぴいとかいうように小さい声で鳴くのは体が小さいからそのぐらいでしか鳴けないんだから、やっぱりぴいという鳴きかたで小さいと僕は思うんですけど、川口君はどうですか。

川口　大きい鳥だとちょびちょびとは歩かないし、表現するんだったらぴょこぴょことかいう表現にするから、ちょびちょびだと小さい鳥だと思うんだけど。

T　川口君は、これ歩いている姿だと思ってるわけ？　クロツグミの。

川口　なんかしている。

T　そうすると、作者はクロツグミを見てるんだろうか。クロツグミの姿を見ているんだろうか。それはどっち？　川口君はどう思ってるの？

〖「作者はクロツグミを見てるんだろうか」という発問は、川口という子がどんなイメージを持っているのかを探ろうとした発問です。〗

川口　1番と2番では黒板に描いてあるようにいたと思います。それで3番からは近くに行ったんだと思います。

T　近くに行った。すぐ近くで見ているわけだね。作者がね。そうに考えたんだって。正しいかどうか分かんないよ。川口君はそうに考えたんだ。

藤山　川口君に質問なんですけど

T　川口君ばっかりだね、質問は。

藤山　5番と6番では普通言葉が話せないと思うんですけど、これはなんか別の言葉でしゃべったりなんかしてるんですか。それともこの言葉でクロツグミがしゃべっているんですか。

川口　作者が、こういうふうに言ってるように理解しているんだと思います。

〔この後の教師の入り方が絶妙です。ここが教師の交通整理の腕の見せ所です。子どもたちだけではここは乗りきれそうにないと判断した教師は、整理しながら次の問題へと切りかえていきます。〕

T　そうか。それでは、川口君の問題はあるけれど、ちょびちょびちょびちょびというのはさえずりに聞こえるよね。そうかもしれないね。川口君みたいな考え方があるかもしれないけどね。ちょびちょびちょびちょび、ぴいひょうというのは鳥のさえずりに聞こえるよね。

「クロツグミなにしゃべる」作者は遠くから聞いてんだ。姿は見えないけどね。それは、うちの中にいるかもしれない、畑仕事しているかもしれない。分かんないですよ。だけども、遠くの森の方でね、畑の向こうの森で、なんか一日中にぎやかにきれいな声でさえずってる。それを聞いてる。クロツグミ何しゃべってんだろうなあ。畑の向こうの森でいちにちなにしゃべってるんだろうなあ、とこうに考える。ね、思ってる。そしてその次「ちょびちょびちょびちょび、ぴいひょうぴいひょう」これはまあさえずりと考えていいね。

その次だ。5行目と6行目の「こっちおいでこっちおいで、こいしいようこいしいよう」これどっちですか。これはクロツグミのさえずりなんだか、作者の言葉なんだか、どっちですか。

〔ここで子どもたちが考える課題が絞られて明確になりました。〕

C　作者の言葉です。

T　作者の言葉だと思う人、手を挙げて。
クロツグミだと思う人。ああ、少ないねえ。どうしてそう思うの、クロツグミだと思う人。少ないから聞いてみるよ。あなた、どうしてだと思う？

野村　遠くの森の中でさみしく遠くにいる人たちに語りかけているような感じだから。

T　はあ、なるほどね。そうするとクロツグミの声なんだけども、聞いてる人にそう聞こえたってこと？

野村　うなずく。

T　はあ、なるほどね。なるほど。他の人は？

河野　この詩をつくったのは実際にこの人間で、これは聞いていたときに、クロツグミは他のことを言ってるんかもしれないんだけど、かってにこれをつくったひとが解釈してやったんだと思います。

T　ああ、なるほどね。今言ったこと分かる？　分かりますか。あなたは？

柿沼　僕は、5、6の言葉は3、4の言葉を作者がかってに考えて、人間の言葉になおしたもんだと思います。

T あ、翻訳しちゃったんだ。どれをどうに翻訳したの？

柿沼 3、4番の言葉を5、6の言葉で。

T うん、そうなんだけどさ。

藤山 今の柿沼君の言ってることは、3番を翻訳したのが5番で、4番を翻訳したのが6番だと、言ってるんだと思います。

T なるほど、そう？

柿沼 うなずく。

〘野村「人に語りかけている」河野「作者が解釈した」柿沼「人間の言葉になおした」という発言を受けて、教師は詩の叙述にもどします。すると、藤山が柿沼の言いたかったことを正確に話します。ここはみごとな場面です。〙

T なるほどね。これはびっくりしたな。なるほど、そうか、そう読めるかな。

「ちょびちょびちょびちょび」は「こっちおいでこっちおいで」「ぴいひょうぴいひょう」は「こいしいようこうしいよう」（両者が対応するように読んだので、子どもたち笑う）読めるね。

〔教師の朗読の技術、その重要性を感じます。「ぴいひょうぴいひょう」と「こいしいようこうしいよう」を対比させながら同じリズムで読むという技術を教師が持っているかどうかで、授業の流れは、雰囲気は、かなり違ってきます。「ぴいひょうぴいひょう」が「こいしいようこいしいよう」と聞こえるような朗読技術、教師は身につける必要がありますね。〕

T　なるほど、読めるな。そうかどうか分かんないんだよ。まだ分かんない。

〔「そうかどうか分からない」という言葉を何回も使っています。それは、決めるのは子どもたち一人ひとりだと考えているからです。子どもに主体的に決めさせようとしているから、この言葉が出るのです。〕

河野　今の反対。

〔普通のクラスならここで終わるところですが、このクラスでは反対の声をあげる子どもが出てくるのです。おもしろいですね。〕

T　今の反対？　うん、言ってみてください。

河野　3番の翻訳が5番だったら、3番の後に5番がくる。

C　（うーん、そっかあ、などと口々につぶやいている）

T　（笑いながら）それは難しいね。

山田　柿沼君に質問なんだけど、ぴいというのも鳴き声なんだけれども、なんでぴいというのは翻訳しないいんですか。

河野　えっと。（困っている）

C　（楽しそうに笑っている）

T　それは難しいね。作者に聞いてみなくちゃ分かんないね。忘れたかもしれない。だけど、今言っていること分かりますか。そうかどうか分からないんだけど、今の人はね、「ちょびちょびちょびちょび」というのは鳥の鳴き声なんだけれども、「こっちおいで、こっちおいでこっちおいで」と聞こえるよ、「ぴいひょう、ぴいひょう」という鳥の鳴き声は「こいしいよう、こいしいよう」と言ってるように聞こえると言ってるんだ。本当はね、鳥は「こいしいよう、こいしいよう」なんて言ってるかどうか分からないんだよね。そうでしょう？　友達と一生懸命遊んでるかもしれない。だけど、作者には「こっちおいで、こっちおいでこっちおいで」とか「こいしいよう、こいしいよう」と鳥が言っているように聞こえた。そうじゃないだろうか、と言ってる。

そういう考え方があるね。そういうことはあるよね。先生なんか山のそばにいるからね、明け方いろんな鳥が鳴くんです。春になるとコジュケイが、知ってるかな鳩ぐらいの大きさの鳥がたくさんいるんです。「ちょっとこい、ちょっとこいちょっとこい」と鳴くんです。まだ寝てるときに。「ちょっとこい、ちょっとこいちょっとこい」本当にそう聞こえる。カラスの鳴き声だって聞こえるでしょう。「あほー、あほー」「おきろー、おきろー」なんてね、聞こえるかしれないんだよ。だから、鳥はそうに鳴いてないんだけれども、そう言っているように聞こえるということは確かにあるんだよね。これもそうじゃないかなあと言ってるわけね。

分かった？　意見は分かった？　みなさん賛成するかどうかは別だけどね。

そうだと思う人、もう一回手を挙げて。あ、だいぶ増えてきたね。やっぱり違うんじゃないかというひと。あら、いなくなっちゃった。後の人は分からないんだねえ。

もうひとつ、ものすごい証拠があるんだ。答えを決める証拠があるんです、ちゃんと。これはどっちかなんだ。みんな正しいというわけにはいかないんだよね。それを発見できますか？　それができたらえらいぞ。

河野　7番の最後に句点が打ってあることがそうだと思います。

T　どう？　ほかの人は。

C　なーるほど。

T　ようく見てごらん。一行目から。河野さん読んでごらん。みなさんは一緒に読んでいって、句点と読点がどう打ってあるか見てごらん。

C　（口ぐちにつぶやいている）

河野　（読む）

T　分かった？　ね、日本語ってそうなってる。これはここに句点があるから、3から7までは一つの文章。そうでしょう？

C　なるほど。

T　なるほどね。これは全部クロツグミのさえずり。だから5行と6行のところはね、作者がそうに聞いたの。これは日本語のきまりなんだからしょうがない。ですから、3行から7行までが全部クロツグミのさえずりだと言った人が正しいんです。少数意見が正しいこともたくさんあるね。少数意見でも「ああ駄目だなあ」なんて思わないほうがいいです。

さあ、それでね、先生が一回読んでみるよ。

『今まで学習してきたことの整理のための朗読です。また、次の課題につなげる朗読でもあるのです。』

クロツグミ／なにしゃべる／

T　畑の向うの森で／いちにち／なにしゃべる／
ちょびちょびちょびちょび／
ぴいひょうぴいひょう／
こっちおいで／こっちおいでこっちおいで／
こいしいようこいしいよう／
ぴい／
おや／そうなんか／クロツグミ／

C　「おやそうなんか」の「そう」ってなあに？
こいしい。

T　こいしい。いいね。そうなんか、こいしいのか。
「こいしい」ってどんなこと？　これも大事なんだよ。「こいしい」ってどういうこと？

C　さびしい。

T　さびしい。夜、校庭のグランドにくるとさびしいなあ。これこいしいの？
〔こういう具体例を出すと、子ども自らがさびしいを否定して、さらなるイメージへと進んでいきます。みごとな発問です。〕
C　違う。
T　おかしいね。
C　会いたい。
T　あ、会いたい。さびしいというのと同じかな？
C　違うんだね。誰かに会いたい。誰かのそばに行きたい。そうするとこの人、どういう暮らししてるのかね。
C　一人暮らし。
T　一人暮らししているかもしれないね。で、「おやそうなんか」ってどんな気持ちで言ってるの？　ここはうんと考えてください。手を挙げてください。
誰でも言えるよね。一番後ろの人どう？

峰　最初「クロツグミなにしゃべる」と聞いているときは、クロツグミはいつも楽しそうでいいなあと思っていて、それでクロツグミの鳴いている声を聞いていたら、お前も独りぼっちでさびしいんだなあ。

〖この子の読みとりには驚きました。実に的確に読んでいます。こういう力が子どもたちにはあるし、この授業の流れの中で到達した、「深い学び」の表れではないでしょうか。〗

T　ああ、そうか。それで、おやそうなんか。

クロツグミは楽しそうだと思ってたけど、お前も独りぼっちでさびしいのか、おやそうなんか、とこう言ったんか。なるほどね。すごいね。よく分かったね。そういうこともあるものね。

他には？　みんな同じ？「おやそうなんか？」なんて聞いているんじゃない？疑問に思っている人いない？

河野　今まで知らなかった事実を知ったこと。

T　うん、なるほどね。おや、そうか。それは知らなかった、なるほどな、なんてね。

そういうことあるものね。おやそうなんかクロツグミ。それは知らなかったぜい。

山田　はい、他には。

この人はなにしゃべるというふうに質問しているけど、この疑問がこういうふうに分かって、おやそうなんかといってるんじゃないか。

〔この後の教師の話は、「主体的・対話的」な深い授業をしてきた子どもたちへのご褒美です。教師の話を聞いて、子どもたちはそれぞれのイメージや考えが深まったのではないでしょうか。〕

T　なるほどね。他にありますか？

実はね、みなさんの読み方大変正しいんだね。高村光太郎さんて人はね、この詩をつくったときはもう六五歳ぐらいだったんです。高村光太郎さんて知らないかな。知ってる？

C　こういう同じような詩をつくった。

T　うん、大変有名な詩人なんです。それに彫刻家なんだよね。非常に有名な優れた彫刻家であり、詩人なんですね。

東京に住んでてね、で、いろいろなことがあって、もう六十何歳かのとき——もうずいぶん前ですよ。昭和二十年ごろだから。みなさんのお父さんやお母さんが生まれていないころかもしれないね。そんなときに岩手の花巻というところに引っ越しましてね、山の、ほとんど人のいない不便なところに、もう粗末な小屋を建ててね、そこで七年間も暮らしたんです。いろんな辛いことがあってね、奥さんも病気で亡くしたんです。だから、たった独りぼっちだったんです。

高村光太郎さんの山小屋、今でも残ってますよ。先生も三年ぐらい前に見に行ってきたんです。雪が降ると誰も来ない。歩いて町へ行くこともできないようなところでした。夜はね、すき間から雪が降ってきて布団の上につもってしまう。夏になるとマムシが周りでさわいでいる。そういうところでね、七年間も、孤独に、独りぼっちで過ごしてた。だから、もしかしたら、こいしいよう、こいしいようなんて聞こえたのかもしれないね。「おや、そうなんか」なんてクロツグミに心を通わせていたのかもしれない。そういう詩なんじゃないかなあと先生は思ってるんですけどね。

C　またよく読んでごらん。暗記するぐらい読むといいよ。先生なんかもう暗記しちゃったんです。

はい、じゃあ、今日はおしまいにしましょう。

どうもありがとうございました。

2.「下駄」（高村光太郎）の授業（四年）
～教材の発掘、そして課題の発見～

(1) 教材の発掘……仕掛けのある教材

〈教材〉

下駄

高村光太郎

地面と敷居《しきい》と塩せんべいの箱とだけが見える。
せまい往来《おうらい》でとまった電車の窓から見ると、何というみすばらしい汚らしいせんべ屋
だが、
その敷居の前に脱ぎすてられた下駄が三足。
その中に赤い鼻緒《はなお》の
買い立ての小さな豆下駄が一足
きちんと大事そうに揃《そろ》えてある。
それへ冬の朝日が暖かそうにあたっている。

（フリガナは、授業者がふったものです）

この詩は、授業者の高木理氏（所沢市立小学校教諭）が発掘した教材です。氏は授業者としての力をつけたいと願い、そのためには誰もやったことのない教材で授業に挑戦したいと考えました。いろいろな詩集を読む中で見つけたのが、この詩だったのです。

この詩に出会ったときのことを氏はこう書いています。

「一読して、この詩にひかれるものがありました。また情景が目に見えるようであり具体的なイメージを浮かばせやすい作品だと思われました。（略）敷居の前の下駄を、作者が見たように思い描いていくうちに、四足の下駄が見えたのですが、三足だと思う子どもがいるに違いない、と思ったのです。」

詩が教材になる、授業で使える教材になるためには、ふたつの面があると、横須賀薫氏は『授業における教師の技量』で述べています。ひとつはその教材が持っている「文化的な価値」だそうです。高木氏の言葉で言えば「ひかれるものがある」ということでしょう。

もうひとつの面は、「種や仕掛け」（横須賀氏の言葉で言うと「授業展開価値」）がある教材だそうです。この詩は、下駄の数が三足とも四足とも読めるのです。これが「種や仕掛け」になるのです。

そしてそこから「下駄は全部で何足ですか」という発問が生まれたのです。

(2) 子ども自らが読みとっていく授業の記録

この授業記録は、大変良いもだと私は思っています。

子ども自らが読みとるように、思ったことをどんどん言えるように、教師は一緒に散歩を楽しむように授業をしています。子どもの発言に対する教師の対応、実にみごとです。

「下駄は何足か」という課題で、子どもたちは動きます。途中の十分休みのときにも子どもたちは先生に自分の意見を言いにきたのです。授業は全部で七十分ほどかかったのですが、その間の子どもたちの集中は切れませんでした。

では、授業記録を読んでいきましょう。『　』の中の文章は、私のコメントです。

授業者：高木　理
所沢市立小学校

〈授業記録〉

T　この詩はちょっと難しいかもしれません。そこで難しい漢字にはふりがなをふっておきました。読んでみましょう。
　題は何と読むんでしょう。

C　げた（数人答える）

T　そう。よく読めたね。「げた」と読むんだね。この詩をかいたのは高村光太郎という人なんですけど、名前は読まなくていいです。声を出して読んでください。
（読む……「汚らしい」が読めないが、読める子がいて続けて読む。「せんべ屋」を「せんべい屋」と読み、訂正して読み続ける。「三足」を「さんぞく」と読み、「さんぞく」と訂正する。「一足」を「いちぞく」と読んだので「いっそく」と訂正して、最後まで読む。）

T　これでもう読めるね。

C　分かんないところはある。
T　うん。分かんないところはいっぱいあると思うけどね。みなさん下駄はいたことありますか。
C　ある。お祭りの時。
七五三の時。
旅館に行った時。
T　ああ、旅館に行った時ね。玄関においてあるね。外に行く時に下駄を履いて行くんだね。
いつも下駄を履いてる人いますか。
C　（「そんな子はいない」というようににこにこする。）
C　わらじならはいてる。
わらじはいてんのいつも。いいね、涼しくて。
T　今はいつも下駄をはいてる人はいないよね。でもこのころは普段下駄をはいていたんだ。先生の子どものころだってはいてたよ。

C　じゃあね、ここに書いてあることを、頭の中にテレビのように映しながら、もう一度読んでください。

（子どもたち正確に読む）

T　上手に読めたね。一回言うと全部できちゃうんだね。

C　じゃあ、プリントを裏返しにしてごらん。あ、あわてて見てる子がいるぞ。透かして見ちゃあだめだぞ。

まだ二回しか読んでないんだけど、何か頭の中に残っているものあるかな。

〔子ども診断の発問です。教師は、読みとりの断片を出させて、それを使いながら言葉の意味やイメージを入れていこうと考えています。〕

C　地面。

C　脱ぎ捨てた下駄。

C　みすぼらしい汚らしいせんべ屋。

C　豆下駄。

T　豆下駄って何だい。お豆でできた下駄かい。

C （笑い）
C 小さい下駄。
T 小さい下駄のことを豆下駄って言うの？
C 足の裏に豆みたいのがついてる。
T ああ、ぽつぽつがついてるやつか。そう言えば最近そういうサンダルがあるね。健康サンダルというのかな。
C 子どもがはく下駄。
C 小さいのを言う。
T そうか、小さいのをいうんだ。小さいものを表す時にこういう使い方をしているのが他にありますか？
C 豆電球。
T ああ、普通の電球はこれくらいあるでしょう。豆電球って言うのはこんなに小さいのを言うんだね。豆下駄もそうかもしれないね。他にありますか？豆台風なんていうのもあるね。豆辞典なんて知ってる？

C　（知ってる、小さいの。）

【子どもの断片的なイメージを言わせながら、自然な流れの中で、少しずつ言葉の意味やイメージを明確にしていっています。また、教師は、子どもの読みとりの診断もしているのです。】

T　じゃあ、豆下駄ってどのくらいの大きさなんだろう。何歳くらいの子がはくんだろうね。

C　三歳くらい。

C　一歳。

T　一歳の赤ちゃんの足ってどのくらいかな。

C　（このくらい）

T　小さい子がいるお家あるかい。

C　これくらい。

C　じゃあ、下駄の大きさはこれくらいかな。

　　こんな歌知ってる？

C　……（教師歌う）あーるきはじめたみよちゃんが　あーかいはなおのじょじょはいて　おんもへでたいとまっている

（笑い……何だそれは、という感じ）

〘赤い鼻緒の豆下駄のイメージを、言葉でごたごたとやらず、歌で入れようと試みています。こういう方法は、授業の雰囲気を柔らかくするものです。高木さんの面目躍如というところでしょう。〙

C　ああ分かった。鼻緒がついてるんだ。

T　春がくるのを待っているという歌だね。これはきっと豆下駄だね。他に頭に残ってることあるかい？

C　電車。

C　三足。

C　赤い鼻緒。

C　鼻緒ってなあに。

T　鼻緒って何？「赤い鼻緒の豆下駄が一足」って言うんだよ。

C　赤ちゃんがはくようなやつで、なんか花がついている。

T　花模様かな。

C　はなってこの鼻でしょう？　書いてあったよ。

T　表をだしてちょっと見てみよう。

C　この鼻だ。

T　「赤い鼻緒の買い立ての」、買い立てって何だ？

C　買ったばっかりの。

T　そうだね。「買い立ての小さい豆下駄が一足」「赤い鼻緒の豆下駄」。

C　こういうふうなのが下駄についている。

T　あ、なるほど。絵にかいてみようか。これが板でここに歯があって、ここに穴があいてて。

C　そこについてる。

T　こういうのがついている。

C　そこに指を入れる。

T　どうしてこれを鼻緒って言うんだろうね。

C　鼻の形をしてる。

T　ああそうか。穴もあるしね。確かに似てるね形が。形からきたんだろうね、これは。辞書をしらべてみると花緒とも書くんだ。こっちのほうがきれいだね。

C　さあもうみんな分かっちゃったねえ。まだあるかい。

C　冬の朝日。

T　冬の朝日か。どんな感じだろうね。朝日でも夏のとは違うね。

じゃあ、表を開いてみよう。

みんなとてもいいところを覚えているんだね。

さあ他にも難しい言葉があるんだよ。

C　敷居。

C　往来。

T　敷居ね。敷居って何だろうね。「地面と敷居と塩せんべいの箱とだけが見える」

って言うんだけど。
C　もしかして敷物？　玄関の前にある。
C　じゅうたん。
C　たたみ？
T　地面からすぐたたみがあるという感じだね。
字からすると、ござとかむしろといった感じだね。分かんないね。こういう時は辞書を調べるしかないね。じゃあ、先生がみなさんの代わりに調べてみるね。

「敷居」というのはね、この教室にもあるんだよ。これ、これは戸だろう。
T　これなんだよ。この戸の下にある……。
（ガラガラと戸を開ける）
C　線。
T　するすると開くために溝がついている。玄関のところにあるのもそうだし、部屋と部屋の間に障子やふすまがあるでしょう。その下も敷居だね。
この場合はどっちだろうね。「地面と敷居と塩せんべいの箱とだけが見える」と

C　言うのは。電車の中だから、電車の中から地面が見えるでしょう。ドアの下にさ、敷居があるでしょう。……。

T　こういうことがいいたいんだね。外から見たわけだから、玄関の敷居じゃないかって。部屋と部屋の間じゃなくってね。

C　先生。汚らしいせんべい屋だからドアが開いてるでしょう。

T　せんべいの箱が見えるんだから開いているんだね。そうだ。なるほど。

C　(子どもたちは、何か分からないという顔つきをして三足がどうのと言っている)

T　三足、下駄はどこに置いてあるんだい？

C　敷居の前に。ドアの前？

T　この家はどうなっているんだろうね。実はね、先生も一週間考えたんだよ。

その前にね、電車ってどんな電車だと思う？　西武線みたいな電車？

C　違う違う、昔の電車。

C　路面電車。

T　路面電車って知ってる？

C　知らない。

T　西武線の電車は、電車が通る専用の場所があるでしょう。人が歩いたり車が通る、同じ道を走るんだよ。

C　道路。真ん中？

C　でも線路はあるんでしょ。

T　電車だからね、線路の上を走るんだけどね。今では東京でも一か所しかないんだ。長崎にもあったな。

C　その電車が「せまい往来でとまった」と言うんだけど、往来って何？

T　行き止まりになっているんじゃない。

C　往来の往は見たことがありませんか？

T　往復の往。

C　そうだね。往復というのはどういうこと？

C　行って、またもどる。

T　往は、行くと戻る、どっち？
C　戻る。
C　行く。
C　あ、行くか。
T　行く、来る。行ったり来たりが往来だね。ああ、それで終点か。
そういう意味から道という意味ができたの。往来は道と考えてください。せまい道。
C　せまい道でとまった電車の窓から見ると、「地面と敷居と塩せんべいの箱だけが」見えた。
T　普通の歩くような道？
C　そう。だからすぐ近くから見たんだろうね。そうしたら何が見えたって？
C　地面と敷居と塩せんべいの箱。
T　あと、下駄も見えた。
C　ああ、それは後で見たんだね。

そこで先生が一週間考えたことは、こんな店じゃないか(黒板に絵を描きながら)ということなんだ。「みすぼらしい汚らしい」と言うんだから、どのくらいの大きさかな。

C　もっと小さい。

C　苔がはえてる。

T　路面電車が走っているから東京だと思うんだけどね。東京のせまい道の所に小さな家が続いているんだろうかね。玄関なんてなくってね。あったとしても横の方にあって、お店をいっぱいにとってある。敷居が見えるんだから戸があるんだね。屋根があってここがお店になっている。ちょっと高くなっているかもしれないね。「地面と敷居と塩せんべいの箱」が見えるんだから、塩せんべいの箱はどこにあるんだろうね。

C　中。

T　中にあるんだろうね。こんな感じなのかもしれないね。これが「みすぼらしくて汚らしいせんべ屋」なんだね。

（ここまで、教師は子どもたちと話し合いながら、黒板に地面と敷居と道とせんべ屋の絵を描いている。）

よく分からないけど、こんな店かなとみなさんも考えてください。

〔このせんべ屋の具体的なイメージは、時代背景の関係もあるので、子どもたちだけでは難しい。ここは高木さんが一つのイメージとして絵を描きました。こういうことも、必要なことです。しかも、描きあがった絵をさっと出すのではなく、子どもと問答をしながら書いています。こうやることで、子どもの中にイメージができあがっていくのです。〕

T

そこで、難しいことを考えてほしいんです。

ここに（黒板の絵を示しながら）下駄があるんだよね。

もう一度プリントを見てごらん。なんて書いてある？

「その敷居の前に脱ぎすてた下駄が三足。その中に赤い鼻緒の買い立ての小さい豆下駄が一足きちんと大事そうに揃えてある。」

C　と、書いてあるね。この下駄はどこにあるんだろう。
C　前。
T　地面。
C　この辺（敷居の前の地面）と考えていいですか。いい？
C　うん。
T　いい。
C　じゃあ、どういうふうに置いてあるんだろう。そこまで見えるかい？
T　（いろいろ言いかける）
C　「その敷居の前に」からもう一回読んでみよう。
T　（読む）
C　どうだい。見えた？
T　うん。
C　じゃあ、敷居を黒板にかくからね。上が店の中、下が地面だよ。誰かここに下駄
T　を描いて欲しい。細かく描かなくていいからね。

じゃあM君。もう一人は女の子。まだあたってない子いるかな。じゃあ、Sさん。
他の人も空いているところに描いてみてください。
二人と全然違うという人がいたら黒板に描いてください。

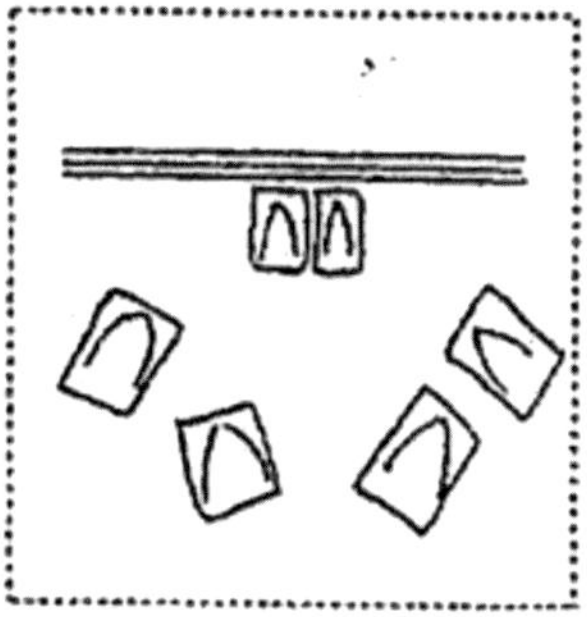

（教室の子どもたちは三足で描いている子と四足で描いている子がいる。子どもたちの絵を見ながら教師は子どもたちにいろいろと話す。）

T　ははは。おもしろいね。下駄が裏返しになってるのがある。

（黒板のM君の絵を見て、いろいろ意見がとんでいる。）

（M君は初め全部で四足描いていたが、まわりの意見で三足に書きかえようとしたが、自分の考えでいいと言って教師が止める。）

T　今まわってきたらね、全部で三足と四足の子がいるんだね。いったい何足なんだろうね。

全部で三足だと思う人、手を挙げてください。四足だという人。四足の方がちょっと少なめですね。数えてみよう。

三足……21人

四足……9人

じゃあ、なぜそう思ったか、理由が言えるかな。

O　「下駄が三足。その中に」だから。

T　Oさんは三足の考え方ね。

みなさん、Oさんの考え方分かりましたか。

C　はい。

T　三足の中の一足が豆下駄だという考え。
今のOさんの意見を聞いて、三足に移る人。

7人も移っちゃった。じゃあこっちは2人になるわけだ。

じゃあ、四足の人、理由を言ってください。A君と誰ですか。あれ、誰もいなくない。じゃあ一人だ。こうなったら、普通は多数決だね。

A　「敷居の前に下駄が三足」だから……。やっぱり間違えた。三足だ。

T　じゃあゼロだ。全員が三足だね。
もう一回読んでみようね。今度は先生が読むからね。

その敷居の前に脱ぎすてられた下駄が三足。

その中に赤い鼻緒の買い立ての小さな豆下駄が一足きちんと大事そうに揃えてある。

C　先生、ちょっと分かんないんだけど、四足だとしたら、敷居の前に脱ぎすてた下駄が三足あって、赤い鼻緒の買い立ての小さい豆下駄は、きちんと大事そうに揃えてあるから、脱ぎ捨てたのとは違うような気がする。

C　でも、三足のうち二足は脱ぎ捨ててあるんだけど豆下駄はきちんと揃えてある。でも「脱ぎ捨てた下駄が三足」って書いてあるよ。

（チャイムがなる）

C　先生、四足に移る。（ボソッと一人いう）

C　でも「その中に」だから。

C　「脱ぎ捨てた下駄が三足。その中にきちんと揃えた豆下駄が一足」だから、二足が脱ぎ捨ててあるでもいい。

T　あ、そう。だから三足ということね。

黒板に描いてもらった絵（三足の絵）を見ながら考えてみよう。

先生が読むから絵を見ながら聞いてください。

『子どもの頭の中を整理するための朗読です。今まで夢中になって考えてきたけど、いったん立ち止まって、教師の朗読を聞くことにより、それぞれの頭の中の絵をはっきりさせるのがねらいの朗読です。』

その敷居の前に脱ぎ捨てられた下駄が三足。

その中に赤い鼻緒の買い立ての小さな豆下駄が一足きちんと大事そうに揃えてある。

C　先生。ぼくは四足の方の意見なんだけど、よく分かんないんだけど、敷居の前に脱ぎ捨てたのは三足で、その中にというのは、敷居の前の玄関の戸棚の中じゃないかと思う。

T　そうするとこの絵とは違うの？　豆下駄は敷居の前にないの？

C　「その中に」の「その」がさしているものが分かりゃあいいんだ。

T　どうしようか。チャイムが鳴っちゃったんだけど。まだやってもいい？　じゃあ、十分休憩にするから、その間に考えておいてください。

『子どもたちの中に課題が明確に入っているので、子どもたちは迷い、考えています。こういう時子どもたちは、友だちの考えをよく聞くようになります。』

（休憩中に何人かの子は、絵にかいた紙を持ってきて、こうじゃないかと説明にきた。）

（休憩後）

T　三足か四足か考えてもらってるんだけど、お休みの時間の間にだいぶ変わったね。じゃあ、もう一回教えてください。四足だという考えになった人。あ、18人になっちゃった。じゃあ、三足の人は12人ということになるね。逆転しちゃったねえ。三足の人どうする？

C　えーと、脱ぎすてた下駄は三足で、その真ん中らへんに、買い立ての小さい豆下駄が一足、大事そうに揃えてあるんだから、揃えてあると脱ぎ捨てたは違うから、三足の他に赤い鼻緒の豆下駄が中に並べてある。

T　言っていること分かる？

C　言っていることは分かる。

『教師の「言っていること分かる？」という発言は大切です。ある子の発言を聞いて教師はその内容がわかるのですが、他の子どもたちも分かっているはずだと勘違いして進めてしまいがちです。高木さんは、その確認をしたのです。』

C　敷居の前に脱ぎすてた下駄が三足だから、もし全部で三足だったら、脱ぎすてた下駄が二足でなかったらおかしい。

C　でも三足の中にだから……。

T　じゃあ、「脱ぎすてた下駄が三足」と書いてあるんだから、脱ぎすてた下駄は三足あると考えていいね。「きちんと揃えた豆下駄」が脱ぎすてた下駄に入るかどうかが問題なんだ。そう考えていい？
(黒板の絵を使いながら）全部で三足という人は、脱ぎすてた下駄が三足、その中にきちんと揃えた豆下駄が一足、こういう考えだね。それでいいですか？

C　先生、四足に変える。

C　三足の中というのは、置いてある場所のことを言ってる。

T　「その」というのは三足の下駄のことではなくて、置いてある場所のことをさしている。

C 「脱ぎすてた」と「きちんと揃えてある」はいっしょにならない。

（全部で四足の絵をさしながら）

こういうふうに下駄が三足あって、その真ん中あたりに赤い下駄がある。

T そうすると、「その中」の「中」は三足のうちの一足という意味ではなくて、三足の中側、真ん中の方にという意味だというんだね。

「中」という使い方には、そういう使い方もありますね。カバンの中とか、中、外という意味ですね。言ってることはわかりますね。

さあ、いろいろ考えてもらったんですけど、自分の考えでいいですよ。全部で三足だという人。はい、一人。四足だと思う人。そう、増えたんだね。

「脱ぎすてた」というのを辞書で調べてみると……

「身につけていたものを（だから着ていたものやはいていたもの）を脱いで後始末をせず、かえりみない」

他の辞書にはこうも書いてある。

「捨てるようにパッと脱ぐ。脱いだままにする。ぬぎっぱなしにする。」だからこの赤い鼻緒の豆下駄は「脱ぎすてる」には入らないと考えるのが自然でしょうね。

T　じゃね、この豆下駄は小さい子がはく下駄だって言うんだけど、この家に住んでいる女の子かな。男の子でも赤いのが欲しいなんていう子もいるかもしれないけどね。

このまわりにある下駄（絵をさして）は、誰のだと思う？

C　お客さん。

T　お客さん。いくつくらいのお客さんかなあ。お客さんもいろいろだね。

C　お父さんとかお母さんの下駄。

C　小学生くらいの子どもの下駄。

T　Dさんも同じ？　うんうんとうなずいているね。

C　わるガキの下駄。

T　そうか、わるガキ。特にこれ（黒板の絵―下駄がひっくり返っている）なんかいかにもわるガキという感じだね。いかにもそういう感じだねえ。
C　急いでかけてきたみたい。
T　そうか。急いで、タッタッタとかけてきて、パパッと脱いでポンと上がった。
C　これ子どもかな。
T　子ども。
C　子どもかもしれないね。こんな脱ぎ方をするのは。第一ここ玄関じゃないものね。女の子のお兄ちゃんかもしれないし、お兄ちゃんの友達かもしれないね。
T　この赤い鼻緒の下駄は誰が揃えたの？
C　お母さん。
T　お母さんが揃えてくれたのかもしれない。
C　自分で。
C　その赤い鼻緒の小さい豆下駄を持っている子が、買い立てだから、大事にしようと思って、大事にきちんと揃えた。
T　うーん。買ってもらったばかりの下駄だからね。大事そうに脱いで、こうやって、

C　この絵みたいにね、こうやって大事に揃えた。
T　買い立てだからさあ、大事にしてるんだからさあ……。さあ、そこでね、初めにどんなことが頭に残っていますかと言ったときにね、「冬の朝日」が残っていると言った人がいたね。「冬の朝日」ってどんな感じがするかな。「それへ冬の朝日があたたかそうにあたっている。」というんだけど、「それ」って何？

C　下駄。
T　下駄にもいろいろあるね。全部？
C　揃えてある下駄。
C　きちんと大事そうに揃えてある下駄。
T　う―ん、そう。この豆下駄に光があたってねえ。冬の朝日ってどんな光だろうね。夏の朝日とも違うかな。

C　寒い。
T　寒いだろうね。空気が冷たいね。

C　遅く出る。

T　ああ、遅く出るからねえ。同じ朝日でもうんと柔らかくてね。気持ちいいよね。

C　さわやか。

T　うん、さわやかでね。きっとこの高村光太郎さんも、冬の朝日が暖かそうにあたっているのを見て、そんな感じがしたかもしれないね。じゃ、そんなことを心に思いながら、最後に読んでみましょう。

(3) みなさんが授業をやるとしたら

この授業記録を読むと、この教材で授業をやってみたいと思う先生方は多いのではないでしょうか。教材の中に仕掛けがあるので、子どもたちの意見は自然に分かれ、自然に討論が起こる可能性が大きいのです。そして、自分の読みとりが正しいという根拠を出し合いながら討論できるのです。まさに「主体的・対話的で深い授業」ができる教材なのです。

この教材、三年生以上でしたら使えると思います。授業の展開を二つに分けて説明しましょう。

①前半

難しい言葉が多いということと時代背景が今とは違うという難点がありますので、前半では丁寧にイメージをつくる必要があります。

「地面と敷居と塩せんべの箱」という情景は子どもたちだけでは想像するのが難しいと思われますので、ここは黒板に絵を描くなどして教師がリードしていくといいでしょう。

鼻緒などの難しい言葉に対しても、辞書的な意味の説明ではなく、文脈に沿ったイメージを喚起するような説明が必要でしょう。子どもの読みとりを生かしながら言葉の意味や情景を豊かに入れていけるかどうかが前半のポイントとなり、教師としての訓練にもなります。

②討論

「下駄は何足か」という課題に入ると、子どもたちの意見は分かれるでしょう。全員に絵を描かせると、きっと二つに分かれるのではないでしょうか、四足の子と三足の子と。私の今までの経験で言えば、三年生四年生は四足の子が多数で、五年生六年生になると三足の子が多い、という傾向がありました。

どちらにせよ、どうしてそう思うのか、根拠を言えるようにするという、学習訓練にもなりますので、議論が大いに盛り上がることを期待します。そして、自分と違う意見を聞くことにより、自分の意見が明確になったり修正されたりという体験がおきるのです。「主体的・対話的な」授業になるでしょう。

③まとめ

それぞれの論の意見が出そろったら、その二つの意見を両方（三足四足）とも認めます。日本語の用法としては両方とも正しいわけですから。

しかし、この詩の文脈の中ではどちらかに限定されます。次の例を出して子どもたちに考えさせます。（以下の例は一例にすぎません。クラスの子たちに合う例を、先生方が考えると良いでしょう。）

①教室に子どもが10人います。その中に女の子がひとり。

②教室に男の子が10人います。その中に女の子がひとり。

①の場合は子どもは全部で10人ということになり、②場合なら11人いることになります。

「その敷居の前に脱ぎすてられた下駄が三足。

その中に赤い鼻緒の

買い立ての小さな豆下駄が一足」

までなら、下駄は全部で三足か四足か決められないのですが、その次の「きちんと大事そうに揃えてある」ところまでをつなげて読むと、四足ということになります。

ここをすっきりと入れられれば、子どもの頭の中は整理され、イメージが一段とはっきりとしてくるのではないでしょうか。

そして最後の「それへ冬の朝日が暖かそうにあたっている」のを見た作者の心情の読

みとりが最後の重要なポイントとなります。子どもの読みとりを、教師がどれだけふくらませることができるか。教師がこの教材をどれだけ読みとっているか試されるところです。

可能ならば「先生はこう読むんだけど……」と、教師の読みとりを子どもたちに話しても良いのではないでしょうか。

※詩「クロツグミ」と詩「下駄」の本時の展開案（私の）は、拙著『授業―その可能性を求めて』（一茎書房）に載せてあります。参考にしてみてください。

あとがき

この本は、「授業は子どもと教師でつくるもの」シリーズ5になります。2020年にシリーズ1が出版されてから早いもので、3年が経ちました。

授業とは何かということについて、私の考えを少し述べたいと思います。

授業の中心者は子どもです。子どもが、感じとり、読み、考え、発言し、討論をする、そしてそれぞれの子どもが自分なりのイメージや結論を持つ、それが授業です。子どもたちの意思と努力で教材にとっくみ、より正しいもの、より美しいものを追求する、それらを子どもたちだけでできるようにするのが、授業で育てたい子どもの力のはずです。教師の仕事は、子どもがどう感じとっているのか、どう読んでいるのか、どういう発言をしているのか、その根っこは何か、討論がどう進むのかを、探り、読みとることです。

授業の最後にそれぞれの子どもが持ったイメージや結論がすべて認められるべきなのです。そういう決意を、教師は持つべきだと思っています。

子ども自らが学び進めているところに教師が参加していくのが授業の姿であると、私は考えます。だから教師の仕事は、「交通整理」なのです。授業の専門家としての「交通整理」です。子どもが何を言っているのかを全員の子どもにわからせたり、発言の根っこを探ったりと、子どもの状態を正確に把握すること、そして子どもたちの矛盾点や対立点の整理、子どもたちが気づいていないことの指摘などが、「交通整理」の仕事なのです。教師の考えた到達点に子どもを誘導するという安直な「交通整理」ではありません。ですから、教師としての高い技量が要求されるのです。

「交通整理」が可能となるために必要な教師の技量とは、何でしょうか。それは、教師の子ども理解と教材解釈力と私は考えます。子どもは伸びたがっている、自分を表現したがっている、友だちとつながりたがっている、と心底から思えること。そして、子どもたちにとってその教材を学習することにどんな意味があるのか、どんな価値があるのか、どんな力がつくのかを明確にすること。子ども理解の豊かさと教材解釈の深さが授業の質を決定します。

子どもの可能性を拓くために、一人ででも授業研究を始めてください。そしてそれを他の先生方に公開してください。それが、子どもの可能性を拓く第一歩です。

２０２３年 秋

〈著者紹介〉
加藤利明（かとう・としあき）
1954年生まれ。栃木県さくら市で育つ。
都留文科大学文学部初等教育学科に学ぶ。
所沢市立の公立小学校で勤務する。
現在若い教師のための研究会「実技等研究会」を主宰している。
メールアドレス　byn03241@nifty.com
主な著書・編著
～「授業は子どもと教師でつくるもの」シリーズ１～
『子どもをひらく授業を求めて』（一茎書房、2020）
～「授業は子どもと教師でつくるもの」シリーズ３～
『授業 — その可能性を求めて』（一茎書房、2021）

教師が拓かれるとき —— ある公立小学校の記録 ——

2023年10月18日　初版第一刷発行

著　者　加　藤　利　明
発行者　斎　藤　草　子
発行所　一　茎　書　房

〒173-0001　東京都板橋区本町37-1
電 話 03-3962-1354
FAX 03-3962-4310

印刷・製本／㈱アドヴァンス
ISBN978-4-87074-257-4　C3037